Haddon W. Robinson

Predige das Wort

Vom Bibeltext zur lebendigen Predigt

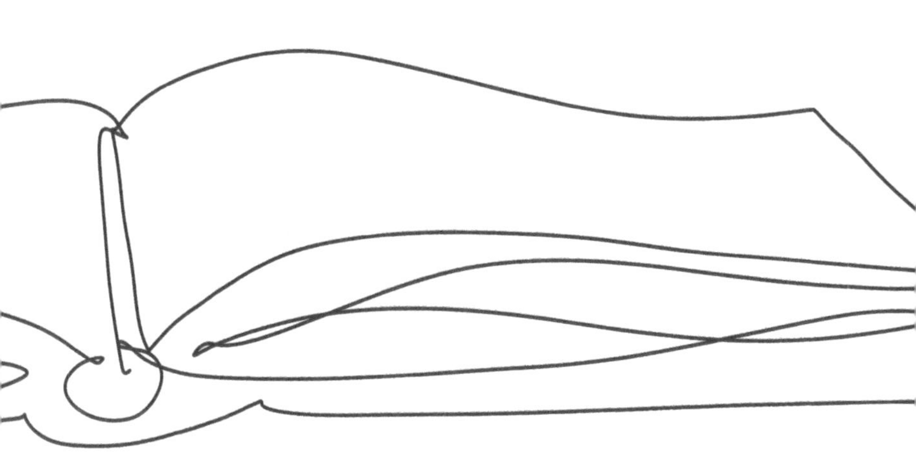

Haddon W. Robinson
Predige das Wort
Vom Bibeltext zur lebendigen Predigt

Bestell-Nr. 271839
ISBN 978-3-86353-839-2
Christliche Verlagsgesellschaft Dillenburg

Best.-Nr. 180227
ISBN 978-3-85810-609-4
Verlag Mitternachtsruf, www.mnr.ch

5. Auflage 2023

Titel des amerikanischen Originals: Biblical Preaching

Überarbeitete Neuauflage 2001 (John Mark Fankhauser, Österreich)
Satz und Umschlaggestaltung: Christliche Verlagsgesellschaft Dillenburg
Bildquelle: © Jannis Nöbauer/unsplash.com

GGP Media GmbH, Pößneck
Printed in Germany

Wenn Sie Rechtschreib- oder Zeichensetzungsfehler entdeckt haben, können Sie uns gerne kontaktieren: info@cv-dillenburg.de

Inhalt

Vorwort der deutschen Ausgabe

Sieht man sich heute in den verschiedenen Gemeinden um, dann stellt man fest, dass überwiegend thematisch gepredigt wird. Das heißt, zu einem bestimmten Thema stellt der Verkündiger verschiedene Abschnitte der Heiligen Schrift zusammen und baut so seine Predigt auf. Das ist gewiss sehr informativ und belehrend, wenn es um spezielle Themen wie Anbetung, Nachfolge, Taufe oder dergleichen geht. Exegetische, d. h. bibelauslegende Predigten haben jedoch den großen Vorteil, dass sie sich beim Hörer tiefer einprägen. Diese Art der Predigt gründet sich auf einen bestimmten Bibeltext und legt ihn konsequent, d. h. historisch, heilsgeschichtlich, evangelistisch und praktisch glaubensstärkend aus.

Wir freuen uns, dass wir mit diesem Buch jedem im Verkündigungsdienst stehenden Bruder eine Hilfe für die systematische Erarbeitung eines Bibeltextes und für eine wirkungsvolle Verkündigung bieten können.

Wer den Hintergrund unseres Verlages kennt und weiß, dass wir mit der sogenannten Brüderbewegung verbunden sind, der wird vielleicht über manche gebrauchte Formulierung oder vorgestellte Methodik staunen, denn in den Gemeinden dieser Bewegung gibt es keine fest angestellten Prediger in den Ortsgemeinden. Brüder, die vom Herrn befähigt sind, dienen der Gemeinde mit dem Wort Gottes. Ist da ein solches Buch notwendig?

Wenn wir bedenken, dass auch begnadete Prediger wie Moody, Mackintosh, Darby, Kelly, Spurgeon, Busch u. v. a. »ihre« Methode hatten, um einen Bibeltext auszulegen und vorzustellen, dann erscheint es uns als eine gute Möglichkeit, von einem erfahrenen Prediger des Wortes mithilfe dieses Buches eine gewisse Systematik in der Erarbeitung der Heiligen Schrift zu erlernen. Wir wollen allen Brüdern, die irgendwo und irgendwann das Wort Gottes verkündigen, eine Hilfe bieten.

Uns ist bewusst, dass ein gesegneter Verkündigungsdienst in erster Linie aus der Befähigung kommt, die nur der Herr Jesus schenken kann. Diese von ihm gegebene Gabe gilt es aber anzufachen und zu stärken. Dazu wollen wir mit diesem Buch beitragen.

Der Autor, Haddon W. Robinson, ist für diese Aufgabe bestens ausgerüstet. Er leitet seit über zehn Jahren das *Conservative Baptist Theological Seminary* und vor dieser Zeit unterrichtete er 19 Jahre lang Homiletik an dem als bibeltreu geltenden *Dallas Theological Seminary*.

Es ist unsere begleitende Bitte an unseren Herrn, dass er durch dieses Buch eine noch tiefere Freude an der Beschäftigung mit seinem Wort schenkt und dass es zur Glaubensstärkung des Verkündigers und zum Segen all derer, die von ihm das Wort Gottes ausgelegt bekommen, diene.

Christliche Verlagsgesellschaft, 2001

Vorwort der amerikanischen Originalausgabe

Wenn ich selbst anfange, ein Buch zu lesen, betrachte ich manchmal das Vorwort als Seiten, die man überspringen kann. Wie unpassende Lieder in einem schlecht geplanten Gottesdienst, so verwendet der Autor sein Vorwort oft als Puffer, bevor er zur Sache des Buches kommt.

Als Autor jedoch halte ich ein Vorwort für absolut notwendig. Es ist nicht ohne Zögern, dass ich dieses Buch schreibe, und das Vorwort erlaubt mir, eine Verzichtserklärung abzugeben. Weil sich in der Predigtliteratur viele Namen von brillanten Predigern und ausgezeichneten Lehrern finden, sollte man es sich zweimal überlegen, bevor man sich in diese Liste einreiht.

Der Leser nimmt verständlicherweise an, dass jeder, der über das Predigen schreibt, sich selbst für einen Meister dieses Faches hält. In meinem Fall ist dem aber nicht so! Ich habe schon genügend Predigten gehalten, die längst wieder vergessen sind, und ich kenne das Gefühl nach einer Predigt, das mir sagt, dass ich von der Kunst des Predigens herzlich wenig verstehe.

Wenn ich überhaupt eine Qualifikation anführen kann, dann ist es wohl die des Zuhörens. In den 20 Jahren meiner Lehrtätigkeit habe ich in Seminaren 6000 Predigten von Studenten beurteilen müssen. Manche meiner Freunde wundern sich, dass ich beim Anhören so vieler holpriger Predigten von Anfängern noch nicht zum Atheisten geworden bin. Aber weil ich gerade diesen Anfängern gut zugehört habe, lernte ich daraus, was zu einer guten Predigt gehört und was nicht.

Als Ausbilder möchte ich mich vergleichen mit einem Fußballtrainer, der selbst nie Fußballstar war, aber seine Mannschaft erfolgreich mehrmals zum Meistertitel geführt hat.

Viele meiner Studenten sind erfolgreiche Prediger geworden. Sie haben mir versichert, dass ich auf manche Weise Einfluss auf ihren Dienst hatte. Wir alle wissen, dass die Kenntnis von Methoden und Formen allein noch keinen guten Prediger macht. Man muss zu dieser Aufgabe eine gewisse Begabung mitbringen und, was noch viel wichtiger ist, den unstillbaren Wunsch, die Aussagen der Bibel mit dem Leben zu verknüpfen. Richard Baxter bemerkte einmal, dass er keinen wertvollen Prediger kenne, der nicht den sehnlichsten Wunsch habe, die Früchte seiner Arbeit auch zu sehen. Prinzipien müssen zuerst mit dieser tiefen Sehnsucht vereint werden, bevor etwas Bedeutendes vom Predigtpult aus geschieht. Ich möchte in diesem Buch sowohl an diejenigen eine Methode weitergeben, die lernen wollen, wirkungsvoll zu predigen, als auch an erfahrene Prediger, die ihre Grundlagen überdenken möchten. Ich hoffe, dass mein Stil einfach und klar genug ist, sodass auch Laien, Männer und Frauen, die die Bibel lehren, aus dem Buch etwas Nutzen ziehen können. Ich weiß, dass jeder Leser sein Vorverständnis mitbringt – sein Leben, seine Einsichten, seine Reife, Phantasie und Hingabe –, aber so, wie Wasserstoff und Sauerstoff zusammen erst Wasser bilden, gehören Sehnsucht und Ausbildung zusammen, um ein wirkungsvoller Botschafter der Wahrheit Gottes zu sein.

Als ich anfing zu unterrichten, dachte ich nicht daran, auch etwas zu veröffentlichen. Ich wollte nur viele hilfreiche Ratschläge zusammentragen, die meinen Studenten bei ihren Predigtvorbereitungen helfen konnten. Aus Verzweiflung, um etwas Vernünftiges zu sagen, habe ich viel gelesen. Von meiner Dankbarkeit den Autoren gegenüber kann ich kaum genug erwähnen. Das Buch *Design for Preaching* von H. Grady Davis hat mir wertvolle Hinweise gegeben. Als ich dabei war, meinen Weg zu finden, hat mich sein Buch gefunden. Vielleicht will er nichts mit meinem Buch zu tun haben, aber sein Buch erwies sich als Sauerteig für mein Denken. Ich habe auch aus unzähligen anderen Quellen geschöpft – einige habe ich vergessen, aber bestimmt nicht mit Absicht. Diesen unbekannten Mitarbeitern möchte ich als Trost einige Verse widmen, die Rudyard Kipling über Homer schrieb:

> Wenn Homer seine Lyra spielte, hörte er überall Menschen singen, und die Melodien, die er selbst gebrauchen wollte, nahm er von ihnen – genau wie ich!
>
> Marktfrauen und Fischer, Schäfer und auch Seemänner hörten ihn altbekannte Lieder singen, aber schwiegen – genau wie du!

> Sie wussten, dass er sie gestohlen hatte; er wusste, dass sie es wussten. Sie sagten nichts dazu und machten nicht viel Aufhebens, aber sie zwinkerten Homer zu, und er zwinkerte zurück – genau wie wir!

Ich stehe auch in der Schuld von Studenten, die mir Fragen stellten, mit denen ich mich auseinandersetzen musste, oder die mir auf freundliche Art und Weise deutlich machten, dass ich mich nicht klar genug ausgedrückt habe. Meine früheren Kollegen haben weit mehr beigetragen, als sie ahnen. Duane Litfin, John Reed, Mike Cocoris, Elliot Johnson, Harold Hoehner und Zane Hodges sind Menschen, die Gott von ganzem Herzen lieben und die nicht zögern, ihre Verstandesgaben für ihn einzusetzen. Bruce Waltke vom Regent College hatte über 20 Jahre großen Einfluss auf mein Leben und war mein Vorbild für eine Lehre, die mit dem Leben verknüpft ist. Weil diese und viele andere Männer mein Leben tief beeinflusst haben, ist es nur fair, dass sie auch die Verantwortung für die Schwächen dieses Buches mittragen!

Besondere Erwähnung verdient Nancy Hardin. Sie hat nicht nur das Manuskript durchgesehen und getippt, sondern auch meine Zeiteinteilung überwacht, damit ich genug Zeit zum Schreiben hatte.

Und nicht zuletzt Bonnie, meine Frau! Wie viel habe ich ihr zu verdanken! Nur sie selbst weiß, wenn sie diese Worte liest, wie viel sie für mich getan hat, und nur ich weiß, wie stark ihr Einfluss auf mein Leben ist.

Damit ist das Vorwort abgeschlossen, und wir kommen zur eigentlichen Aufgabe. Jeder, der sensibel für die Worte der Bibel ist, kennt die Ehrfurcht vor dem Predigtdienst. Matthew Simpson führt in seinen *Lectures on Preaching* den Leser folgendermaßen in die Thematik ein: »Der Thron des Predigers ist die Kanzel; er steht an Christi Stelle; seine Botschaft ist das Wort Gottes; er ist von unsterblichen Seelen umgeben; der Erlöser ist unsichtbar neben ihm; der Heilige Geist schwebt über der Versammlung; Engel schauen auf die Szene herab; und Himmel und Hölle warten auf den Ausgang. Welch eine Gesellschaft und welch unermessliche Verantwortung!«

Haddon W. Robinson

Kapitel 1

Die Notwendigkeit von bibelauslegendem Predigen

Viele, die den Titel und den Inhalt dieses Buches überfliegen, werden es für überflüssig halten. Predigen – in welcher Weise auch immer – scheint kein dringendes, wichtiges Bedürfnis der christlichen Welt zu sein. Das Predigen, so ist aus manchen Kreisen zu hören, sei nicht mehr zeitgemäß und könne eigentlich abgeschafft werden. Es gebe andere Methoden und Formen der Verkündigung, die »effektiver« seien und die Menschen unserer Zeit stärker ansprächen.

Die Abwertung des Predigens

Eine Erklärungsmöglichkeit für den niedrigen Stellenwert, den eine Predigt heute im Allgemeinen hat, finden wir im gesellschaftlichen Wandel. Das Image des Predigers hat sich offensichtlich geändert. Man nimmt den meisten Pastoren nicht mehr ab, dass sie etwas Wesentliches zu sagen haben, sie gehören nicht mehr zu den geistigen Führern der Gesellschaft. Für viele Gemeindeglieder ist der Pastor heutzutage alles in allem »sympathisch, hilfsbereit, Animateur der Jugend, Liebling alter Damen, zurückhaltend gegenüber jungen Damen, ein Unterhalter einsamer Menschen, Vateridol für junge Leute und leutseliger Repräsentant der Gemeinde bei Festveranstaltungen und Empfängen« (Kyle Haselden[1]). Aber dass er darüber hinaus auch etwas zu sagen habe, nimmt man ihm nicht mehr ab.

Hinzu kommt, dass der Prediger in eine Gesellschaft hineinsprechen muss, die mit Kommunikation überschwemmt ist. Die Massenmedien überschütten uns täglich mit einer Fülle verschiedenartiger Botschaften. Radio und Fernsehen senden Werbungen, die wie ein Evangelium verkündet werden. Vor diesem

Hintergrund erscheint der Prediger nur als ein weiterer Reklamemacher, der etwas Effekt in die Lehre von Leben und Tod bringen will.

Schlimmer noch: Mancher Prediger sieht sich einer vollmächtigen Botschaft beraubt. Die moderne Theologie vermittelt ihm oft nur äußerst verschwommene Vorstellungen von der biblischen Wahrheit. Zudem sind viele verunsichert dadurch, dass ihre aufgeklärten Zuhörer den Wissenschaften mehr glauben als der Bibel. Das ist auch der Grund, weshalb sich manche Pastoren mehr um Kommunikationsformen als um ihre Botschaft kümmern. Multimedia-Shows, Kurzfilme, Lightshows und moderne Musik verdrängen immer mehr die Predigt. Natürlich kann moderne Technik die Kommunikation unterstützen und verbessern, aber sie kann auch nur zu leicht zum Ersatz für den fehlenden Inhalt werden.

Für manche andere ist das soziale Engagement der Gemeinde wichtiger als das Predigen. Um heute ein Zeugnis für Gott zu sein, muss man handeln, nicht reden, meinen sie. Sie glauben, dass die Apostel sich irrten, als sie zu dem Schluss kamen: »Es ist nicht recht, dass wir für die Mahlzeiten sorgen und darüber das Wort Gottes vernachlässigen« (Apg 6,2). In der Zeit des Aktivismus ist es stattdessen moderner zu sagen: »Wir sollten nicht den Dienst an bedürftigen Menschen versäumen, um das Wort Gottes zu predigen.«

Die Notwendigkeit des Predigens

Trotz der allgemeinen Abwertung des Predigens und des Predigers aus den genannten Gründen wird niemand, der die Bibel ernst nimmt, das Predigen generell ablehnen. Schon Paulus, der viele wichtige Briefe des Neuen Testaments geschrieben hat, die bis heute zu den einflussreichsten Dokumenten der Geschichte gehören, bekannte: »Denn mich verlangt danach, euch zu sehen, damit ich euch etwas mitteile an geistlicher Gabe, um euch zu stärken; das heißt, dass ich zusammen mit euch getröstet werde durch euren und meinen Glauben, den wir miteinander haben« (Röm 1,11-12). Paulus war sich offenbar klar darüber, dass einige Dienste einfach seine persönliche Anwesenheit erforderten.

Sogar das Vorlesen eines inspirierten Briefes war kein Ersatz dafür. »Darum, so viel an mir liegt, bin ich willens, auch euch in Rom das Evangelium zu predigen« (Röm 1,15). Das gesprochene Wort hat eine Macht, die auch durch das unfehlbare Wort der Schrift nicht überflüssig wird.

Für die Schreiber des Neuen Testaments war die Predigt das Ereignis schlechthin, durch das Gott wirksam wurde. Petrus erinnerte seine Leser daran, dass sie wiedergeboren sind »nicht aus vergänglichem, sondern aus unvergänglichem Samen, nämlich aus dem lebendigen Wort Gottes, das da bleibt« (1Petr 1,23). Wie hatte dieses Wort ihr Leben beeinflusst? Der Einfluss des Wortes Gottes kam durch die Verkündigung zustande: »Das ist aber das Wort, welches unter euch als Evangelium verkündigt worden ist« (1Petr 1,25). Die Predigt des Evangeliums war der Same ihrer Neugeburt.

Hinzu kommt, was Paulus über die geistliche Entwicklung der Thessalonicher feststellte, die sich bekehrt hatten »zu Gott von den Abgöttern, zu dienen dem lebendigen und wahren Gott und zu warten auf seinen Sohn vom Himmel« (1Thes 1,9-10). Das geschah, erklärte der Apostel, weil »ihr das Wort der göttlichen Predigt, das ihr von uns empfangen habt, nicht als Menschenwort aufgenommen habt, sondern als das, was es in Wahrheit ist, als Gottes Wort, das in euch wirkt, die ihr glaubt« (1Thes 2,13). Paulus dachte bei einer Predigt nicht an eine Diskussion über theologische Fragen. Er war sich bewusst, dass Gott durch ihn sprach, um Menschen mit der Wahrheit zu konfrontieren und zu sich zu ziehen.

Das erklärt, warum Paulus seinen jungen Mitarbeiter Timotheus ermutigte: »Predige das Wort« (2Tim 4,2). Predigen bedeutet hinausschreien, verkündigen oder ermahnen. Der Prediger sollte so tief von seiner Predigt ergriffen sein, dass er leidenschaftlich spricht. Wenn ein Prediger als Verkündiger spricht, muss er »das Wort« hinausrufen. Das ist das Mindeste, was man von einer guten, christlichen Predigt verlangen kann.

Die Wichtigkeit der bibelauslegenden Predigt

Ein Prediger ist oft versucht, über etwas anderes als über die Heilige Schrift zu reden. Politik, Wirtschaftstheorien, neue religiöse

Philosophien oder psychologische Trends bieten sich als Themen an. In der Dreiviertelstunde am Sonntagmorgen hat der Prediger die Möglichkeit, seinen Zuhörern in religiösen Tönen zu erzählen, was er will. Wenn er es aber verfehlt, Gottes Wort zu verkündigen, gibt er seine Autorität preis. Er verkündigt dann nicht mehr göttliche Wahrheit, sondern eine von vielen menschlichen Meinungen. Weil Gott nicht dahintersteht, rufen die meisten »modernen« Predigten nur noch ein müdes Gähnen hervor.

Gott redet durch die Bibel. Sie ist für ihn auch heute noch das wichtigste Mittel, um Menschen anzusprechen. Darum darf eine bibelorientierte Predigt auch nicht gleichgesetzt werden mit der »uralten Story von Jesus und seiner Liebe zu den Menschen», als wenn es nur eine Geschichte aus alter Zeit wäre, als Gott noch lebte und es ihm gut ging. Auch sollte eine Predigt nicht einfach christliches Gedankengut aufwärmen, das zwar als richtig anerkannt werden mag, aber mit der Wirklichkeit nichts zu tun hat. Gott will durch die Predigt Menschen erlösen (2Tim 3,15) und ihnen helfen, zu erfüllten und reifen Christen heranzuwachsen (2Tim 3,16-17). Es ist ein ehrfurchtsvoller Moment, wenn Gott einen Menschen durch die Predigt konfrontiert und seine Seele trifft.

Die beste Art, um die Kraft und göttliche Autorität des Wortes Gottes zu vermitteln, ist bibelauslegendes Predigen. Es wäre jedoch naiv anzunehmen, dass alle Leute mit dieser Ansicht übereinstimmen. Zu viele Leute, die gelangweilt worden sind mit Predigten, die angeblich bibelauslegend waren, die aber so trocken waren wie Haferflocken ohne Milch, werden diese Meinung nicht teilen. Obwohl die meisten Prediger in der Theorie mit der Wichtigkeit der bibelauslegenden Predigt übereinstimmen, werden in der Praxis, die oft ganz anders aussieht, viele dieser Ansicht nicht zustimmen.

Ich muss zugeben, dass viele, die vorgaben bibelorientiert zu predigen, dem Ruf dieser Predigtart eher geschadet haben. Manches, was als bibelauslegende Predigt angesehen wird, kann weder als »bibelorientiert« noch als »predigen« qualifiziert werden. Bedauerlicherweise gibt es keine verbindlichen Richtlinien für bibelorientierte Predigten. Infolgedessen kann jeder das Etikett »bibelauslegend« für seine Predigt verwenden, ohne dass irgendeine Instanz ihn korrigiert. Doch obwohl durch Hochstapler viel Schaden angerichtet worden ist, hat echte bibelauslegende Verkündigung die Kraft des lebendigen Gottes hinter sich.

Was ist nun wirklich echte bibelauslegende Predigt? Was sind die Kriterien dafür? Wie vergleicht oder unterscheidet man sie von anderen Predigtarten?

Eine Definition von bibelauslegendem Predigen

Definieren ist eine heikle Sache, weil durch die Definition der Gegenstand eingeengt und einer Entwicklung beraubt werden kann. Ein kleiner Junge, der einen Frosch zerlegt, um herauszufinden, warum er hüpft, zerstört dabei dessen Leben. Predigen ist ein lebendiger Vorgang, der Gott, den Prediger und die Zuhörer umfasst. Keine Definition kann diese Dynamik und das Wechselspiel aller Beteiligten vollständig erfassen. Trotzdem sollten wir versuchen, eine Arbeitsdefinition zu finden:

> »Eine bibelauslegende Predigt will eine biblische Botschaft vermitteln. Diese wird durch eine historische und sprachliche Analyse sowie durch eine gründliche Auslegung des Bibeltextes erarbeitet. Durch den Heiligen Geist wirkt das Wort zunächst am Prediger selbst (in dessen Persönlichkeit und Erleben) und durch ihn schließlich auch an seinen Zuhörern.«

Der Bibeltext bestimmt die Predigt

Was ist also der Kern dieser sorgfältig formulierten und eher trockenen Arbeitsdefinition? Zuerst und vor allem soll der Grundgedanke des biblischen Schreibers das Wesentliche der bibelauslegenden Predigt sein. Das Lesen des Bibeltextes sollte nicht nur ein Vorspann sein, wie das Spielen der Nationalhymne vor einem Fußball-Länderspiel. »Der Text sollte so präsentiert werden, als würde aus dem neuesten Bestseller des Büchermarkts vorgelesen. Der Prediger muss die Botschaft des Wortes Gottes an den Mann bringen« (nach R. H. Montgomery).

Bibelauslegendes Predigen ist in seinem Kern mehr ein Prinzip als eine Methode. Um zu prüfen, ob man ein bibelauslegender Prediger ist, muss man sich fragen: »Lasse ich meine Gedanken von der Heiligen Schrift bestimmen oder benutze ich die Bibel, um meine eigenen Gedanken zu beweisen?« Das ist etwas anderes, als wenn ich frage: »Ist das, was ich predige, orthodox oder evangelikal?« Es ist auch nicht dasselbe wie: »Habe ich nur eine große Achtung vor der Bibel oder glaube ich, dass sie das unfehlbare Wort Gottes ist?« Diese Fragen mögen in anderen Zusammenhängen wichtig sein. Wenn man aber beurteilen will, ob jemand bibelauslegend predigt, ist nur die erste der genannten Fragen ausschlaggebend. Das Studium der systematischen Theologie befähigt den Menschen nicht automatisch zum Auslegen der Bibel. Theologie kann uns zwar vor Fehlern schützen, die durch einseitige und aus dem Zusammenhang gerissene Interpretationen entstehen können. Aber sie kann auch blind und unsensibel machen für den Text. Der Interpret muss bereit sein, seine eigenen Überzeugungen und auch die Lehrmeinungen der angesehensten Theologen infrage stellen zu lassen. Er muss sein persönliches Textverständnis revidieren, wenn dieses nicht der Absicht des biblischen Schreibers entspricht.

Diese Einstellung zur Bibel setzt Einfalt und Klugheit zugleich voraus. Auf der einen Seite nähert sich der Ausleger der Bibel wie ein Kind einer Geschichte, die es wieder hören möchte. Er liest sie nicht, um über den Inhalt zu streiten, ihn zu überprüfen oder eine Predigt daraus zu machen, sondern er liest sie, um zu verstehen und zu erleben, was er verstanden hat. Gleichzeitig ist er sich bewusst, kein Kind mehr zu sein, sondern ein Erwachsener, der nur allzu oft gefangen ist in seinem Verständnis und seiner Sicht der Dinge. Dies erschwert ein neutrales Verstehen des Textes.

Dabei ist die Bibel kein Kinderbuch. Sie ist bedeutende Literatur, die eine ernsthafte und durchdachte Stellungnahme erfordert. All ihre Diamanten liegen nicht deutlich sichtbar an der Oberfläche, um wie Blumen gepflückt zu werden. Ihr Reichtum kann nur durch fleißiges geistiges und geistliches Graben zutage gebracht werden.

Der Prediger vermittelt eine Botschaft

In vergangener Zeit wurden einige Prediger durch ein mangelhaftes Verständnis der Wirkung von Sprache in die Irre geleitet. Obwohl der Prediger die Worte des Textes untersucht und manchmal in der Predigt selbst einige Worte behandelt, sollen Wörter und Redensarten nie Selbstzweck werden. Sie sind vielmehr Mittel zum Zweck, nämlich Gedanken und Botschaften zu vermitteln.

Francis Schaeffer betont in seinem Buch »Geistliches Leben – was ist das?«, dass die heftigsten Kämpfe für uns Menschen im Bereich der Gedanken auszufechten sind. Diese so umkämpfte Welt der Gedanken soll von Gottes Gedanken, wie wir sie in unserem Bibeltext finden, bestimmt werden. Darum wird im bibelauslegenden Predigen vor allem der gedankliche Inhalt bzw. die Botschaft eines Textes vermittelt.

Die Botschaft wird aus dem Text gewonnen

Auch wenn der Schwerpunkt einer bibelauslegenden Predigt auf dem gedanklichen Inhalt liegt, dürfen Wortwahl und Grammatik in der Analyse nicht vernachlässigt werden. Die Definition besagt, dass die Botschaft »durch eine historische und sprachliche Analyse sowie durch eine gründliche Auslegung des Bibeltextes erarbeitet« wird. Das beinhaltet eine Untersuchung des Textes (der Grammatik und der literarischen Formen) sowie der geschichtlichen Zusammenhänge. Der Ausleger versucht dabei, möglichst objektiv die Bedeutung des Textes zu erfassen. Er teilt seinen Zuhörern in der Predigt dann so viel davon mit, dass sie die Interpretation selbst prüfen können.

Die Autorität einer Predigt ergibt sich nicht durch die Person des Predigers, sondern durch den Bibeltext. Eine bibelauslegende Predigt muss sich deshalb so ausgiebig mit der Erklärung des Textes befassen, damit die Aufmerksamkeit der Zuhörer auf die Bibel gelenkt wird. Aber auch wenn ein Ausleger große Fähigkeiten in der Analyse und Auslegung besitzt und sich sorgfältig vorbereitet hat, heißt das noch lange nicht, dass er wie ein protestantischer Papst *ex cathedra* (mit absoluter Unfehlbarkeit) sprechen kann. So schrieb Henry David Thoreau: »Zwei sind nötig, um die Wahrheit zu sprechen – der eine zum Sprechen, der andere zum Hören.« Keine lebenswichtige Wahrheit wird ohne Kampf angenommen werden. Wenn also eine Gemeinde wachsen will, muss sie an diesem Kampf Anteil haben. »Um berühmte Dichter zu haben, bedarf es einer großen Zuhörerschaft«, meinte Walt Whitman. Wirkungsvolle, lebendige Predigten setzen Zuhörer voraus, die gut zuhören können. Weil ihr Heil davon abhängig ist, hat der Prediger die Pflicht, den Zuhörern so viel Informationen zu vermitteln, dass sie entscheiden können, ob das, was sie hören, wirklich der Aussage der Bibel entspricht.

Wenn es die Aufgabe der Zuhörer ist, den Prediger zu verstehen, so ist es die Aufgabe des Predigers, die Schreiber der Bibel zu verstehen. Damit die Botschaft durch den Prediger schließlich den Hörer erreicht, müssen die Sachverhalte erklärt werden. Dabei muss die Sprache des Hörers, seine Kultur und sein Vorverständnis berücksichtigt werden. Doch zunächst muss sich ein Ausleger in den Autor des biblischen Textes hineinversetzen. Wenn er auch nicht ein Meister in all den Sprachen, in Geschichte und den literarischen Formen sein muss, so sollte ein Bibelausleger doch Kenntnisse auf diesen Gebieten besitzen. Dazu hat er eine große Auswahl an Auslegungshilfen für sein Studium zur Verfügung. So viel ihm möglich ist, sucht der Prediger mit den Schreibern und den Gedanken des Bibeltextes bekannt zu werden.

Die biblische Botschaft richtet sich zuerst an den Prediger selbst

Dies ist eine weitere Aussage unserer Definition. Das Handeln Gottes am Prediger wird nun zum Mittelpunkt des Prozesses. Der Prediger als Person kann nicht vom Inhalt der Botschaft getrennt werden, so gerne wir das auch hätten. Wer kennt nicht solche Gebete vor einer Predigt: »Verbirg unseren Pastor hinter deinem Kreuz, sodass wir nicht ihn sehen, sondern nur dich, Jesus!« Wir loben den Geist solcher Gebete. Alle Zuhörer, Männer wie Frauen, müssen am Prediger vorbei zu Jesus gelangen (oder Jesus muss vielleicht umgekehrt am Prediger vorbei zu den Leuten kommen)! Wie auch immer, es gibt keinen Platz, an dem sich der Prediger verstecken könnte. Selbst ein noch so großes Predigtpult kann ihn nicht vor den Blicken seines Publikums verbergen.

Phillips Brooks umschreibt das Predigen treffend mit »die Wahrheit durch die Persönlichkeit schleusen«. Die Persönlichkeit des Predigers prägt seine Botschaft sehr. Mag sein, dass er eine biblische Botschaft auf den Lippen hat, dabei aber trotzdem unpersönlicher als ein Telefonanrufbeantworter, oberflächlicher als ein Werbetexter oder dünkelhafter als ein Hochstapler ist. Doch fest steht, dass die Versammlung nicht eine Predigt hört, sondern eine Person.

Bischof Willigem A. Quayle widerlegte in diesem Zusammenhang die übliche Definition von Predigen, indem er fragte: »Soll Predigen nur die Ausarbeitung und das Vortragen einer Predigt sein? Da irren Sie sich! Predigen sollte das ›Ausarbeiten‹ des Predigers sein und das soll den Hörern vermittelt werden!« Lebendiges bibelauslegendes Predigen sollte aus dem Prediger selbst einen reifen Christen machen. Während er die Bibel studiert, erforscht ihn der Heilige Geist, und bei der Ausarbeitung der Predigt arbeitet Gott an ihm. »Die Bibel ist der beste Prediger jedes Predigers« (P. T. Forsyth).

Wir sollten keinen Unterschied machen, ob wir nun die Bibel lesen, um daraus eine Predigt zu entwickeln oder um persönlichen Gewinn zu bekommen. Als Theologe kann es einem noch passieren, dass man die Bibel nur als Beispiel für hebräische Poesie betrachtet oder um die Namen und Regierungszeiten von Königen des Alten Testaments zu erfahren, ohne mit der eigentlichen Wahrheit in Berührung zu kommen. Solches gilt es zu vermeiden, wenn man die Bibel als Wort Gottes sieht. Bevor ein Prediger eine biblische Botschaft weitergibt, sollte er diese auf sich selbst beziehen und mit ihr leben.

Leider versagen viele Prediger zuerst in ihrem Christenleben, bevor sie als Prediger versagen, weil sie selbst nicht von Gottes Wort geprägt sind und darum auch nicht biblisch denken. Manche von ihnen bereiten ihre Predigt vor, ohne dabei in die Bibel zu schauen, obwohl sie eine hohe Meinung von diesem Buch haben. Der Bibeltext wird – wenn überhaupt – als Appetitanreger zu Beginn der Predigt serviert oder als Garnierung, um die Botschaft auszuschmücken. Das »Hauptgericht« der Predigt aber besteht aus den eigenen Gedanken des Predigers (oder anderer Menschen), die zu diesem Zweck aufgewärmt werden.

Auch in einer bibelorientierten Predigt können Bibelverse missbraucht werden, nur um die eigene Meinung zu unterstützen. Ein bewährtes Rezept aus populären »Predigtkochbüchern« liest sich wie folgt: »Man nehme einige allgemeine theologische oder moralische Lehrsätze, mische sie zu gleichen Teilen mit ›Hingabe‹, ›Evangelisation‹ und ›Dienst‹, füge ab und zu ›Reich Gottes‹ oder ›Die Bibel sagt‹ hinzu, rühre einige Geschichten unter und würze das Ganze mit einer Prise ›Erlösung‹. Dies serviere man heiß auf einer mit Bibelversen dekorierten Platte.« Nicht nur die Zuhörer bleiben bei so einer Predigt hungrig, auch der Prediger selbst wird dabei verhungern. Er wird kaum wachsen, weil der Heilige Geist das Wort Gottes nicht zu seinem Wachstum verwenden kann. William Barclay diagnostizierte die Ursache der geistlichen Mangelernährung: »Je mehr der Prediger seinem Verstand erlaubt, träge, nachlässig und schlaff zu werden, desto weniger kann der Heilige Geist ihm etwas sagen. Eine gesegnete Predigt gelingt nur, wenn ein liebevolles Herz und ein disziplinierter Verstand dem Heiligen Geist zur Verfügung gestellt werden.«[2] Letztlich ist Gott wohl ebenso am persönlichen Reifungsprozess des Predigers interessiert wie an der Übermittlung der Botschaft. Und da der Heilige Geist hauptsächlich durch die Bibel zu uns spricht, muss ein Prediger zuerst lernen, auf Gott zu hören, bevor er für Gott redet.

Die biblische Botschaft wendet sich an die Zuhörer

Der Heilige Geist wendet seine Wahrheit nicht nur auf die Persönlichkeit und die Erfahrung des Predigers an, sondern wie unsere Definition weiter aussagt, wendet er dann dieselbe Wahrheit durch den Prediger bei seinen Zuhörern an. Somit hat es der Prediger mit drei Arbeitsbereichen zu tun: Als Ausleger versucht er, die Aussagen der biblischen Autoren zu erfassen, als Gottesmann ringt er mit dem Handeln Gottes an sich selbst, und als Prediger denkt er darüber nach, was Gott seiner Gemeinde sagen will.

Dabei ist die Anwendbarkeit, die Übertragbarkeit des Gesagten ins alltägliche Leben der Gemeindeglieder die Hauptaufgabe einer lebensnahen, bibelauslegenden Predigt. Wie ein Hirte geht der Pastor ein auf die Schmerzen, Ängste und Schreie seiner Schafe. Er studiert die Bibel und versucht herauszufinden, was sie sagt zu Kummer und Schuld, Zweifel und Tod. Auch Paulus erinnert Timotheus daran, dass uns die Bibel gegeben ist, damit sie Einfluss auf unser Leben hat: »Denn alle Schrift, von Gott eingegeben, ist nütze zur Lehre, zur Zurechtweisung, zur Besserung, zur Erziehung in der Gerechtigkeit, dass der Mensch Gottes vollkommen sei, zu allem guten Werk geschickt« (2Tim 3,16-17).

Langweiligen Predigten fehlen meistens die kreativen Anwendungsvorschläge. Solche Predigten rufen zwei Hauptreaktionen hervor. Zum einen murmeln die Zuhörer: »Immer das Gleiche.« Das ist dann der Fall, wenn der Prediger zu jedem biblischen Abschnitt stets auch die gleichen Anwendungsvorschläge bringt oder, was noch schlimmer ist, überhaupt keine. »Möge der Heilige Geist die Wahrheit in euer Leben bringen«, hören wir so manchen Redner die Zuhörer beschwören, wenn er keine Ahnung davon hat, wie seine Predigt Menschen beeinflussen könnte. Eine zweite negative Reaktion auf eine Predigt kommt, wenn der Inhalt nicht direkt genug auf das alltägliche Leben bezogen wurde, um dort tatsächlich etwas zu bewirken. Die Zuhörer meinen dann: »Es stimmt wohl schon, was der Prediger sagt, aber was soll's? Das hilft mir auch nicht weiter.« Wenn sich schlussendlich jemand entschließt, sich der Heiligen Schrift unterzuordnen, geschieht das dann auch meist außerhalb der Gottesdienste. Im normalen Leben verlieren Menschen ihre Jobs, sorgen sich um ihre Kinder und müssen sich mit vielen kleinen Ärgernissen herumschlagen. Was sie von Jebusitern, Kanaanitern, Perisitern gehört haben oder was Abraham, Paulus oder Mose gesagt und getan haben, raubt ihnen nur selten den Schlaf. Sie liegen wach, weil sie sich Sorgen machen um Benzinpreise, Unglücksfälle, Liebeskummer, bösartige Krankheiten, Eheprobleme oder Mobbing und Skrupellosigkeit am Arbeitsplatz. Sie fragen sich, was eine Predigt überhaupt soll, wenn sie dazu nichts zu sagen hat.

Deshalb sollte ein Prediger nicht ins »Gestern«, sondern ins »Heute« hineinsprechen. Ein guter Prediger konfrontiert die Zuhörer samt ihren Problemen mit den Aussagen der Bibel, anstatt ihnen einen Vortrag über Geschichte und Archäologie zu halten. Die Zuhörer sind als Jury versammelt, nicht um Judas, Petrus oder Salomo zu beurteilen, sondern ihr eigenes Leben.

Der Prediger sollte seine Zuhörer genauso gut kennen wie seine Botschaft. Dazu muss er sowohl die Schrift als auch seine

Gemeindeglieder erforschen. Wenn Gott redet, spricht er Menschen da an, wo sie gerade stehen. Stellen wir uns vor, der Korintherbrief wäre durch die Post fehlgeleitet worden und in Philippi gelandet. Die Philipper hätten sich wahrscheinlich den Kopf zerbrochen über die Probleme in Korinth, von denen Paulus schrieb. Sie lebten in einer völlig anderen Situation als ihre Brüder und Schwestern in Korinth. Die Briefe des Neuen Testaments wie auch die Prophezeiungen des Alten Testaments waren jeweils an ganz bestimmte Zuhörer gerichtet, die mit ihren speziellen Problemen kämpften. Eine Predigt wird so lange unwirksam bleiben, bis der Prediger merkt, dass er ganz bestimmte Zuhörer hat, die inhaltlich etwas brauchen, das auf ihre Situation zugeschnitten ist.

Diese Art von Predigt wirft natürlich theologische und ethische Fragen auf. Es ist eine anstrengende Reise durch oft seltsame Fragestellungen, bis man von der Auslegung zur Anwendung gelangt. Ergänzend zu den direkten Textaussagen müssen auch persönliche Verhältnisse und Lebensumstände der biblischen Personen erklärt werden. Welche Beziehungen haben die Personen des Textes zueinander? Welche Beziehungen haben sie zu Gott? Welche Wertvorstellungen liegen den Entscheidungen zugrunde, die sie treffen? Was geht in denen vor, die daran beteiligt sind? Diese Fragen beziehen sich nicht nur auf die damalige Zeit, als ob Gott nur in der Vergangenheit mit Menschen gehandelt hätte. Dieselben Fragen können wir auch heute stellen, an uns selbst und die Zuhörer. Welche Beziehungen haben wir zueinander? Was sagt Gott uns durch die Probleme der Menschen in der Bibel? Ist die Welt von heute die gleiche oder eine ganz andere als die der Bibel? Sind die Fragestellungen und Probleme von damals auch die von heute? Begegnen wir heute denselben Herausforderungen wie die Menschen von damals? Diese Überlegungen sind das Rohmaterial für biblische Ethik und Theologie. Oberflächliche Anwendungen, die einfach an Predigten angehängt werden, um sie lebensnah zu machen, gehen an den dringenden Fragen vorbei und ebenso am Grundsatz unserer protestantischen Vorfahren: »Lehrsätze müssen praktisch gepredigt werden und Pflichten lehrmäßig.«

Unpassende Anwendungen können genauso destruktiv wirken wie eine schlechte Auslegung. Als der Teufel Jesus in der Wüste versuchte, wollte er siegen, indem er einfach die Schrift falsch anwendete. Er zitierte Psalm 91 mit bewundernswerter Präzision: »Denn er hat seinen Engeln befohlen, dass sie dich behüten auf allen deinen Wegen, dass sie dich auf den Händen tragen und du deinen Fuß nicht an einen Stein stoßest« (Ps 91,11-12). Aber dann folgerte Satan: »Warum wendest du diese starke Verheißung nicht an, um dich vom Dach des Tempels zu stürzen und ein für allemal zu beweisen, dass du der Sohn Gottes bist?« Um dem Teufel zu entgegnen, diskutierte Jesus nicht über die Grammatik oder die Ausdrucksweise des hebräischen Textes. Stattdessen attackierte er die falsche Anwendung von Psalm 91 und zitierte eine andere Stelle aus der Schrift, die besser zur Situation passte: »Du sollst den Herrn, deinen Gott, nicht versuchen« (Mt 4,7).

Wir müssen in eine Welt hineinsprechen, die auch von Schriftstellern, Journalisten und Dramatikern angesprochen wird. Wenn wir das nicht beachten, werden unsere Zuhörer zwar rechtgläubig in ihrem Kopf, aber ketzerisch in ihrem Verhalten. Gewiss dürfen wir in eine weltliche Welt nicht ein weltliches Wort predigen. Aber biblische Aussagen müssen mit menschlichen Erfahrungen in Verbindung gebracht werden und Menschen müssen aufgerufen werden, sich von biblischen Wahrheiten prägen zu lassen. Die sogenannte »aktuelle Predigt« bleibt so lange oberflächlich, bis die aktuellen Fragen mit dem ewigen Wort Gottes in Verbindung gebracht werden.

F. B. Meyer erklärt die Ehrfurcht, mit der viele biblisch orientierte Prediger die Themen der Zeit aufgreifen, so:

> »Der Prediger, der so predigt, setzt die Reihe so bedeutsamer Ausleger wie die Reformatoren oder die Puritaner fort. Sie alle verbreiteten nicht ihre eigene Meinung, die ja eine Frage der eigenen Interpretation und abhängig von zweifelhaften Stimmungen wäre. Aber weil sie ihre Aussage aus der Heiligen Schrift nahmen, konnten sie ihre Botschaft mit so großer Wirkung und den Worten ›So spricht der Herr‹ an die Menschen bringen.«

Worum ging es im vergangenen Kapitel?

Bibelauslegendes Predigen

Definition

Eine bibelauslegende Predigt will eine biblische Botschaft vermitteln.

Die Botschaft wird durch eine historische und sprachliche Analyse sowie durch eine gründliche Auslegung des Bibeltextes erarbeitet. Durch den Heiligen Geist wirkt das Wort zunächst am Prediger selbst (in dessen Persönlichkeit und Erleben) und durch ihn schließlich auch an seinen Zuhörern.

Kapitel 2

Der zentrale Gedanke

Ich mag keine Opern, aber einige Freunde von mir gehen gerne dorthin. Sie geben mir oft das Gefühl, ein Kulturbanause zu sein, und ich habe schon einiges unternommen, um das zu ändern. Hin und wieder habe ich schon eine Oper besucht. Wie ein Sünder, der sich gezwungen fühlt, zur Kirche zu gehen, machte ich mich auf den Weg zur Konzerthalle, um mich kulturell bilden zu lassen. Aber meistens kam ich gleichgültig zurück, weil ich nicht verstand, was die Künstler ausdrücken wollten.

Gewiss, ich weiß, dass da eine Handlung abläuft, die nicht gesprochen, sondern gesungen wird. Doch meistens bleibt mir diese Handlung so unklar wie italienische Lyrik. Aber Opernfans sagten mir, dass sie sowieso nebensächlich sei. Wenn ich eine Oper beurteilen sollte, würde ich wahrscheinlich die wunderbaren Arien, die herrlichen Kostüme oder den brillanten Sopran rühmen. Aber ich könnte nichts zur musikalischen Interpretation oder zur Dramaturgie sagen. Ich komme aus der Konzerthalle mit einem zerknitterten Programmheft und einer Reihe von zufälligen Eindrücken zurück und weiß wirklich nicht, wie ich das beurteilen sollte, was da stattgefunden hat.

Vielen Leuten geht es in der Gemeinde ähnlich. Niemand hat ihnen jemals erklärt, was eine Predigt eigentlich bewirken soll. Normalerweise reagieren sie auf emotionale Höhepunkte, genießen die menschlich interessanten Anekdoten, merken sich ein oder zwei einprägsame Sätze und finden die Predigt dann gelungen, wenn der Prediger sich an den zeitlichen Rahmen hält. Wesentliche Dinge, wie z. B. das Predigtthema, können ihnen völlig entgangen sein. Wenn sie dann nach Hause kommen, geht es ihnen wie jenem Mann, der von seiner Familie gefragt wurde, worüber der Prediger gesprochen habe. Er antwortete: »Über Sünde.« Als dann nachgefragt wurde, was denn über Sünde gesagt worden sei, meinte er: »Ich glaube, er war dagegen.«

Es ist eine Realität, dass die meisten Zuhörer über die Predigt des letzten Sonntags kaum mehr erzählen könnten als jener Mann. Für sie redet der Pastor immer über Sünde, Erlösung, Gebet, Leiden oder alles zusammen – 35 Minuten lang. Wenn man dann das Gespräch der Hörer über die Predigt verfolgt, fällt es schwer zu glauben, dass sie tatsächlich einer Botschaft zugehört haben. Stattdessen zeigen ihre Antworten, dass sie die Predigt mit einem Korb voller Brocken verlassen haben, aber ohne ein Verständnis für das Ganze und damit für eine klare Botschaft.

Leider orientieren sich viele Predigtanfänger nur an solchen Vorbildern. Eine Predigt ist für sie eine Aneinanderreihung von einzelnen Punkten, die wenig miteinander zu tun haben. Hilfen zur Gliederung, die meistens nur die äußere Form einer Predigt diskutieren, verstärken diese Tendenz noch. Eine gute Gliederung, so wichtig sie auch ist, darf aber das Wesentliche nicht aus dem Auge verlieren: Eine Gliederung sollte der rote Faden für eine Predigt sein und jeder Teil muss sich direkt auf das Gesamtthema beziehen. Drei oder vier Punkte, die nicht Bezug haben zum Gesamtthema, ergeben keine Predigt, sie sind vielmehr drei oder vier aneinandergefügte »Kurzpredigten«. Reuel L. Howe untersuchte eine Vielzahl von Predigtkassetten, besprach ihren Inhalt mit Laien und kam zu dem Schluss, gewöhnliche Gemeindebesucher »beklagten einmütig, dass die Predigten zu viele Gedanken enthielten.[3]« Diese Beobachtung erscheint mir zu ungenau. Predigten scheitern nicht daran, dass sie zu viele Gedanken enthalten, sondern weil diese Gedanken mangelhaft miteinander verknüpft sind.

Solche zerrissenen Predigten sind eine große Gefahr vor allem für die Prediger, die bibelorientiert arbeiten wollen. Häufig werden nur Kommentare zu einzelnen Worten oder Sätzen eines Abschnitts gegeben, aber nicht daran gedacht, diese Bruchstücke zu einem Ganzen zusammenzufügen. Die Predigt sieht dann oft so aus: Am Anfang steht eine alltägliche Geschichte aus dem normalen Leben – oder auch gar keine Einleitung –, dann folgen mit gleicher Betonung Bemerkungen zu Worten und Sätzen des Bibelabschnitts und den Abschluss bildet, wenn überhaupt, eine verschwommene Ermutigung zur Anwendung, weil der Prediger meist auch für sich selbst keine Anwendung gefunden hat. Die Zuhörer gehen in ihren Alltag zurück, ohne dass sie eine Botschaft erreicht hat, nach der sie ihr Leben ausrichten können, weil eine solche Botschaft vom Prediger selbst nicht vorbereitet war.

Unsere Definition sagt deshalb, dass es bei der bibelauslegenden Predigt um die Vermittlung einer biblischen Botschaft geht. Eine Predigt sollte wie eine Kugel sein, nicht wie Schrotkörner. Im Idealfall beinhaltet sie die Erläuterung, Darlegung oder Anwendung eines einzigen zentralen Gedankens, der von anderen Gedanken unterstützt wird und sich auf eine oder mehrere Schriftstellen bezieht.

Die Bedeutung eines einzigen zentralen Gedankens

Seit Jahrhunderten betonen gute Redner, dass eine wirkungsvolle Rede nur einen einzigen zentralen Gedanken beinhalten darf. Gute Redner sind sich in diesem Punkt so einig, dass fast jedes Buch über Rhetorik dieses Prinzip enthält. Darin ist von Zentralgedanke, Lehrsatz, Thema, These oder Hauptgedanke die Rede. Es werden zwar unterschiedliche Worte benutzt, die jedoch eine gemeinsame Aussage haben: Eine wirkungsvolle Rede konzentriert sich auf eine wesentliche Sache, auf einen zentralen Gedanken. In vielen Rhetoriklehrbüchern wird dies mittlerweile als selbstverständlich vorausgesetzt. So hält zum Beispiel das Lehrbuch von L. Thonssen und A. C. Baird fest:

> »Über die Wichtigkeit eines zentralen Themas muss an dieser Stelle wohl kaum etwas gesagt werden. Es wird vorausgesetzt, dass die Rede eine klar umrissene und deutliche These oder Absicht besitzt, dass sie frei ist von störenden Nebengedanken und dass diese These in der Rede einfach und fehlerlos entfaltet wird.«[4]

Auch Prediger heben hervor, dass eine Predigt wie jede andere gute Rede nur eine einzige, umfassende Aussage enthalten soll.

> »… jede Predigt sollte nur einen einzigen zentralen Gedanken verfolgen. Die Punkte und Unterpunkte sollten Teile dieses großen Gedankens sein. Geradeso, wie bei einer Speise alle Teilchen ein Teil vom Ganzen sind und

so verarbeitet werden, dass sie schmackhaft und verdaulich sind, so sollten die Punkte einer Predigt kleinere Abschnitte des einen Themas sein, eingeteilt in Unterpunkte, die der Verstand erfassen kann und die ins Leben aufgenommen werden können. ... Wir können jetzt in einfachen Worten das Wesentliche dieses Kapitels beschreiben: Jede Predigt sollte nur einen einzigen zentralen Gedanken haben. Dieses Thema sollte die Hauptaussage des Bibeltextes sein, welcher der Predigt zugrunde liegt.«[5]

Auch H. G. Davis betont in seinem Buch *Design for Preaching*, dass »eine gut ausgearbeitete Predigt die Verkörperung, Ausgestaltung und umfassende Darlegung eines einzigen, wesentlichen Gedankens ist«[6]. Eine klassische Erklärung gibt Jowett ab:

»Ich bin davon überzeugt, dass eine Predigt erst wirklich fertig ist, um niedergeschrieben oder vorgetragen zu werden, wenn wir den zentralen Gedanken kurz und prägnant, so klar wie ein Kristall, in einem Satz ausdrücken können. Die Formulierung dieses Satzes ist der schwierigste, genaueste und fruchtbarste Teil meiner Arbeit. Sich zu zwingen, diesen Satz zu gestalten, dabei jedes Wort zu verwerfen, das unklar, holprig oder zweideutig ist, Ausdrücke zu durchdenken, die vielleicht klarer, durchsichtiger und exakter sind, das ist der lebendigste und wichtigste Teil bei der Ausarbeitung einer Predigt. Bevor nicht dieser Satz steht, sollte keine Predigt niedergeschrieben oder gehalten werden.«[7]

Wenn wir dieses Prinzip ignorieren, dass ein zentraler, vereinigender Gedanke das Herz einer wirkungsvollen Predigt sein muss, stoßen wir die Einsichten und Ratschläge der Predigtlehrer beiseite.

Ein Anfänger empfindet dieses Beharren auf einem zentralen Gedanken vielleicht als Schikane von Lehrern, die es darauf abgesehen haben, junge Prediger in ein Schema zu pressen. Aber auch die Bibel hat viele Beispiele dafür. Die Predigten der Propheten im Alten Testament werden als »die Last des Herrn« bezeichnet. Diese Ansprachen enthielten nicht nur einige

»passende Bemerkungen«, um irgendetwas zu sagen. Der Prophet erhob seine Stimme, weil er seinen Landsleuten etwas Wichtiges zu sagen hatte. Seine Botschaft war wie aus einem Guss, damit die Zuhörer von der Notwendigkeit überzeugt wurden, zu Gott umzukehren. Diese Predigten besaßen Format und Wirkung. Jede umfasste einen einzigen zentralen Gedanken, der an ganz spezielle Zuhörer gerichtet war, um eine bestimmte Reaktion hervorzurufen.

Im Neuen Testament sind uns durch den Historiker Lukas in der Apostelgeschichte Predigten überliefert, die es der jungen Gemeinde ermöglichten, die Welt zu durchdringen. Die Predigten der Apostel waren ohne Ausnahme Proklamationen eines einzigen Grundgedankens. Die Schlussfolgerungen von D. R. Sunukjian über das Predigen des Paulus könnten gleichermaßen für alle Predigten in der Apostelgeschichte angewendet werden:

> »Alle Botschaften von Paulus waren auf einen einzigen Gedanken zentriert. Jede Rede gipfelte in einem einzigen Satz, der die ganzen Ausführungen zusammenfasste. Der gesamte Inhalt in diesen Predigten diente entweder dazu, zu dem einzigen, alles verbindenden, zentralen Gedanken hinzuführen, ihn zu entfalten oder die Auswirkungen davon aufzuzeigen.«[8]

Der zentrale Gedanke stand dabei an verschiedenen Stellen der Predigt. In Apostelgeschichte 2 wird berichtet, dass Petrus vor feindseligen Zuhörern stand. Um ihre Aufmerksamkeit zu gewinnen, hielt er eine induktive Predigt (= von Einzelaussagen zur Gesamtaussage führend). Die zentrale Aussage stand am Schluss: »So wisse nun das ganze Haus Israel gewiss, dass Gott diesen Jesus, den ihr gekreuzigt habt, zum Herrn und Christus gemacht hat« (Apg 2,36).

In Apostelgeschichte 13 dagegen benutzte Paulus eine andere Form (deduktive Form): Der zentrale Gedanke stand am Anfang der Predigt, die weiteren Ausführungen unterstützten diesen Gedanken und legten ihn dar. »Aus dessen Geschlecht hat Gott, wie er verheißen hat, kommen lassen Jesus, dem Volk Israel zum Heil« (Apg 13,23). Als der Apostel zu den Ältesten von Ephesus sprach, wie es uns in Apostelgeschichte 20 berichtet wird, war seine Ansprache induktiv und deduktiv zugleich. Paulus erzählte zunächst als Beispiel aus seinem eigenen Leben, wie er für die Gemeinde gesorgt hatte. Dazu fordert er dann auch die Ältesten auf: »So habt nun acht auf euch selbst und auf die ganze Herde, unter welche euch der Heilige Geist gesetzt hat zu Bischöfen, zu weiden die Gemeinde Gottes, welche er durch sein eigenes Blut erworben hat« (Apg 20,28). Danach fuhr er fort, diesen Gedanken zu erklären und auf die Männer anzuwenden, die vor ihm saßen. Nicht induktive oder deduktive Methode ist also das Entscheidende, sondern der zentrale Gedanke, der in einer Predigt deutlich herauskommen sollte.

Wenn wir wirksam predigen wollen, müssen wir wissen, worauf Gott aus ist, und demzufolge, was auch wir anpeilen sollen. Wirksame Predigten bündeln deshalb biblische Gedanken zu einer übergeordneten Zentralaussage. Nachdem der Prediger Gottes Gedanken »nach-gedacht« hat, übermittelt er sie und wendet sie auf die Zuhörer an. In Abhängigkeit vom Heiligen Geist will er Menschen mit der biblischen Botschaft konfrontieren, sie überzeugen, überführen und trösten. Er weiß, dass Menschen ihr Leben formen lassen und es Auswirkungen für die Ewigkeit hat, wie sie auf den zentralen Predigtgedanken, also die biblische Botschaft, reagieren.

Das Entstehen eines zentralen Gedankens

Um den zentralen Gedanken einer Predigt gewissenhaft und exakt formulieren zu können, muss man wissen, welche Struktur er hat. Ein zentraler Gedanke besteht aus nur zwei wesentlichen Elementen: dem Gegenstand, von dem alles handelt, sowie einer Aussage über diesen Gegenstand. Beide sind notwendig, damit der zentrale Gedanke vollständig ist. Um den Gegenstand zu erfassen, fragen wir: »Was meine ich? Wovon spreche ich?« Dabei wird der Gegenstand einer Predigt zumeist mehr als ein Wort sein, eben deshalb, weil die Frage »Wovon spreche ich?« eine präzise, vollständige Antwort verlangt. Obwohl einige Wörter, wie z. B. »Jüngerschaft, Zeugnis, Anbetung, Liebe, Leiden« etc., aussehen mögen wie der Gegenstand des zentralen Gedankens, sind sie aber doch zu vage, um ein vollständiges Thema einer Predigt zu sein.

Der Gegenstand eines zentralen Gedankens kann nicht allein stehen. Die Aussage ergänzt den Gegenstand durch die Antwort auf die Frage: »Was ist die Hauptaussage über den Gegenstand?« Ein Gegenstand ohne eine zugehörige Aussage ist so leer wie ein Schlagwort. Aussagen ohne Angabe des Gegenstandes sind wie Teile eines Autos, die nicht eingebaut werden. Ein zentraler Predigtgedanke entsteht nur dann, wenn zum Gegenstand eine Aussage hinzugefügt wird.

Nehmen wir z. B. den Gegenstand »Der Test eines menschlichen Charakters«. Dieser Ausdruck muss durch eine Aussage darüber erläutert werden, um Bedeutung zu bekommen. Für sich allein löst das Wort alle möglichen vagen Assoziationen aus, aber keine klare Vorstellung. Eine Vielzahl von Aussagen kann hinzugefügt werden, um einen zentralen Gedanken zu bilden:

a. Der Test eines menschlichen Charakters zeigt, wo die Grenzen eines Menschen liegen.

b. Der Test eines menschlichen Charakters zeigt an, was ein Mensch unternehmen würde, wenn er sicher sein könnte, dass niemand jemals erfahren würde, was er getan habe.

c. Der Test eines menschlichen Charakters ist wie ein Test für eine Eiche; man fragt, wie stark die Wurzeln sind.

Jede neue Aussage sagt mehr über den Gegenstand aus und ruft andere Vorstellungen hervor. Jede dieser Vorstellungen kann erklärt, geprüft und angewendet werden.

Als Predigerlehrling lernt man, nach den zentralen Predigtgedanken zu suchen, wenn man Predigten liest oder selbst welche vorbereitet. So betont Davis:

> »Der Anfänger muss aufhören, sich in Details zu verlieren, und mehr die Struktur einer Predigt studieren. Dabei muss er die einzelnen Sätze, Argumente, Zitate und Illustrationen vergessen, um das Ganze sehen zu können. Hartnäckig muss er fragen: ›Woran denkt der Prediger wirklich? Welchen zentralen Gedanken äußert er?‹ Er muss unterscheiden lernen zwischen dem zentralen Predigtgedanken

> und seiner Entfaltung. Es ist so, wie wenn man in der Anatomie mit dem Studium des Skeletts beginnt.«[9]

Der Gegenstand und die Aussage dazu sollten vom Ausleger nicht erst beim Ausarbeiten seiner Predigt entdeckt werden. Sie sollten schon beim Bibelstudium erarbeitet werden. Jeder Abschnitt der Bibel enthält einen zentralen Gedanken. Solange man diesen nicht herausgefunden hat, kann man den Abschnitt nicht wirklich verstehen. Die beiden Fragen »Worüber redet der Autor?« und »Was sagt er über diesen Gegenstand?« sind die fundamentalsten Fragen für einen Ausleger.

Beispiele für das Entstehen des zentralen Gedankens

In einigen Abschnitten der Bibel scheint es relativ leicht zu sein, den Gegenstand und die Aussage darüber zu entdecken, in anderen ist es schwieriger. Psalm 117 ist ein Beispiel für einen einfachen zentralen Gedanken:

> Lobet den Herrn, alle Heiden! Preiset ihn, alle Völker! Denn seine Gnade und Wahrheit waltet über uns in Ewigkeit. Halleluja!

Wir verstehen den Psalm so lange nicht, bis wir den Gegenstand gefunden haben. Worüber redet der Psalmist? Der Gegenstand seines Liedes ist nicht einfach »Anbetung«, weil der Begriff zu unscharf und zu weit ist. Der Psalmist sagt auch nicht alles Mögliche über Anbetung. Der Gegenstand ist auch nicht »Anbetung Gottes«, denn auch das wäre noch zu weit gefasst. Ein konkreter Gegenstand ist: »Warum jeder den Herrn loben soll!« Was sagt der Psalmist darüber (Aussage)? Der Herr soll gelobt werden, weil seine Gnade und Wahrheit bis in Ewigkeit über uns waltet.

In diesem kurzen Psalm bringt der Psalmist nur einen einzigen nackten Zentralgedanken, ohne ihn weiter zu entwickeln oder auszuführen. Trotzdem enthält er einen Gegenstand und eine weitreichende ergänzende Aussage dazu.

Längere Abschnitte, in denen der zentrale Gedanke weiter ausgeführt wird, sind schwerer auf einen Gegenstand und eine ergänzende Aussage zurückzuführen. In Hebräer 10,19-25 finden wir eine Abhandlung über die hohepriesterliche Funktion Jesu:

> »Weil wir denn nun, liebe Brüder, durch das Blut Jesu die Freiheit haben zum Eingang in das Heiligtum, den er uns aufgetan hat als neuen und lebendigen Weg durch den Vorhang, das ist durch das Opfer seines Leibes, und haben einen Hohenpriester über das Haus Gottes, so lasst uns hinzugehen mit wahrhaftigem Herzen in vollkommenem Glauben, besprengt in unseren Herzen und los von dem bösen Gewissen und gewaschen am Leib mit reinem Wasser. Lasst uns festhalten an dem Bekenntnis der Hoffnung und nicht wanken; denn er ist treu, der sie verheißen hat; und lasst uns aufeinander achthaben und uns anreizen zur Liebe und zu guten Werken, und nicht verlassen unsere Versammlungen, wie einige zu tun pflegen, sondern einander ermahnen; und das umso mehr, je mehr ihr seht, dass sich der Tag naht.«

Weil viele Details in diesem Abschnitt eine Erklärung verlangen, wird ein gewissenhafter Student die Äste vom Stamm trennen. Solange sich nicht der Gegenstand hervorhebt, ist es unmöglich, den Wert und die Bedeutung anderer Aussagen zu bestimmen. Bei oberflächlicher Betrachtung ergibt sich vielleicht als Textgegenstand »Der Hohepriester Jesus«, aber das ist viel zu ungenau. Auch »Der Mut, das Heilige zu betreten« ist nicht das Subjekt des ganzen Abschnitts. Besser ist: »Was geschehen sollte, weil wir einen Hohenpriester und den Zugang zu Gott haben.« Wir erwarten dazu eine Antwort bzw. eine Aussage. Der Text gibt uns drei Antworten:

1. Lasst uns zu Gott kommen mit der Gewissheit, dass unser Herz und unser Leben von Schuld gereinigt ist.

2. Lasst uns unerschütterlich festhalten an der Hoffnung, die wir besitzen.

3. Lasst uns einander anspornen zur Liebe und zu guten Werken.

Alles andere in diesem Abschnitt hat mit diesem Gegenstand und seinen drei dazugehörigen Aussagen zu tun.

Bei komplizierteren und längeren Abschnitten müssen wir zwischen dem zentralen Gedanken und seiner weiteren Entfaltung unterscheiden lernen. Diese Anstrengung, den zentralen Gedanken eines Bibeltextes oder einer Predigt herauszufinden, ist oft mühsam, aber es ist die lohnendste Zeitinvestition bei der Predigtvorbereitung. Man hat einen Abschnitt so lange nicht verstanden, bis man den Gegenstand und die zugehörige Aussage klar formulieren kann. Als Zuhörer sollte man es sich zur Gewohnheit machen zu fragen: »Worüber redet der Prediger heute?« und: »Was sagt er über den Gegenstand seiner Predigt?« Erst wenn man diese Fragen beantworten kann, hat man die Predigt verstanden.

Denken ist anstrengend und schwierig, aber es ist die wesentliche Arbeit eines Predigers. Damit hier kein Missverständnis entsteht – diese Arbeit ist oft langwierig und scheint uns manchmal eine Überforderung zu sein. Aber wenn Gott Menschen zum Predigen beruft, dann verlangt er auch, dass sie ihn mit ihrem Verstand lieben. Gott verdient diese Liebe und auch die Menschen, denen wir dienen. Der Prediger sollte also nicht denken, es wäre verlorene Zeit, wenn er sich gut auf seine Predigt vorbereitet. An einem kühlen, regnerischen Tag saß ein Prediger in seinem Studierzimmer und starrte trübsinnig aus dem Fenster. Den ganzen Vormittag hatte er an seiner Predigt gearbeitet, ohne wesentliche Fortschritte zu machen. Er bedauerte sich selbst, weil ihm die Predigt solche Mühe bereitete. Da schoss ihm ein Gedanke durch den Kopf, der fortan seinen Dienst beeinflusste: Die Brüder und Schwestern deiner Gemeinde bringen viel mehr Zeit auf für deine Predigt als du. Sie kommen aus hundert verschiedenen Familien. Zusammen reisen sie 1500 Kilometer, um deine Predigt zu hören. Sie verbringen 300 Stunden bei dir im Gottesdienst. Beklage dich also nicht länger über die wenigen Stunden, die du für die Vorbereitung brauchst, und über die Mühsal, die dir das bereitet. Diese Menschen verdienen alles, was du zu geben vermagst.

Worum ging es im vergangenen Kapitel?

Der zentrale Gedanke

Wir unterscheiden beim zentralen Gedanken zwei wesentliche Elemente:

- der Gegenstand (Subjekt)
- die Aussage über den Gegenstand

Definitionen

Gegenstand
Vollständige, klar umrissene Antwort auf die Frage: »Worüber spreche ich bzw. der Text?«

Aussage
Antwort auf die Frage: »Was sage ich über den Gegenstand?«

Übungen

Bestimme den Gegenstand und seine zugehörige Aussage in den folgenden Sätzen:

1. Eine gute Predigt hinterlässt bei dir den Eindruck, dass der Prediger alles von dir weiß.

   Gegenstand:

   Aussage:

2. Moderne Predigten haben ihre Autorität verloren, weil sie weitgehend die Bibel als Quelle ihrer Botschaft abgelehnt haben.

   Gegenstand:

   Aussage:

3. »G. K. Chesterton sagte einmal, dass die Leute an gar nichts mehr glauben, wenn sie aufhören, an Gott zu glauben. Aber es ist noch schlimmer. Wenn sie aufhören, an Gott zu glauben, glauben sie alles.« (Malcolm Muggeridge)

   Gegenstand:

   Aussage:

4. Ein guter Ruf ist köstlicher als großer Reichtum und anziehendes Wesen besser als Silber und Gold. (Spr 22,1)

   Gegenstand:

   Aussage:

5. Lobet den Herrn, alle Heiden! Preiset ihn, alle Völker! Denn seine Gnade und Wahrheit walten über uns in Ewigkeit. Halleluja! (Ps 117)

   Gegenstand:

   Aussage:

6. Jeder braucht persönliche Erinnerungen. Sie bewahren uns vor der Gefahr der Bedeutungslosigkeit.

   Gegenstand:

   Aussage:

7. Einen Alten schilt nicht, sondern ermahne ihn als einen Vater, die jungen Männer als Brüder, die alten Frauen als Mütter, die jungen Frauen als Schwestern, in aller Keuschheit. (1Tim 5,1-2)

   Gegenstand:

   Aussage:

8. Spazierengehen ist eine Sportart, für die man keine Turnhalle braucht. Es ist ein Rezept ohne Medikament, eine Gewichtskontrolle ohne Diät, eine Kosmetik, die es in keiner Drogerie gibt. Es ist ein Beruhigungsmittel ohne Tablette, eine Therapie ohne Therapeuten, ein Jungbrunnen, der keine Legende ist. Ein Spaziergang ist ein Urlaub, der keinen Cent kostet.

   Gegenstand:

   Aussage:

9. Die Astrologie, die in den 1960er-Jahren aufkam, lebt neu auf. *The American Federation of Astrologers* hat ihre nationale Mitgliederzahl in den letzten fünf Jahren auf 4000 verdoppelt. Ihre Geheimnisse, die so alt wie Babylon sind, haben sogar einen solch wichtigen Ort wie Washington D. C. infiltriert. (New York Times)

   Gegenstand:

   Aussage:

10. Ein neues Buch »Amerikanische Küche – ein historischer Abriss« bringt nur eine Bemerkung über die Küche des Weißen Hauses: »... zurzeit gibt es dort einen französischen Küchenchef, der exzellente Milchshakes und hervorragende Hamburger herstellen kann.« Gut, es ist nichts an erstklassigen Shakes und Hamburgern auszusetzen, und der Küchenchef ist Schweizer und kein Franzose, aber die Tatsache, dass ein 512 Seiten starkes Buch über die amerikanische Küche nur diese eine Bemerkung über die Küche des Weißen Hauses macht, setzt dieses in ein schlechtes Licht: Der kulinarische Ruf des Weißen Hauses ist wirklich trostlos. Aber dieser schlechte Ruf ist nicht berechtigt. Tatsächlich besaß das Weiße Haus in den vergangenen zwölf Jahren einen großartigen Küchenchef, der eine große Auswahl von ungewöhnlichen Speisen kochen konnte. Trotzdem hält sich das Gerücht hartnäckig, dass die Präsidenten (außer Kennedy) ihren Gästen gerne so typische Gerichte wie Chili, Hot Dogs, Hüttenkäse und Ketchup vorsetzen. Diese Speisen wurden allerdings in der Privatküche des Präsidenten vorbereitet, die nicht mit der offiziellen Küche des Weißen Hauses verwechselt werden sollte. (Julia Childs)

    Gegenstand:

    Aussage:

(Antworten in Anhang 1)

Kapitel 3

Die Hilfsmittel

Denken ist schwere Arbeit. Noch schwerer ist es aber, über das Denken nachzudenken, und am schwierigsten scheint es, über diesen Vorgang zu reden. Aber gerade das ist die Hauptaufgabe der Predigtlehre (Homiletik). Ein Predigtlehrer sollte zunächst gut beobachten, wie Prediger arbeiten, und zu entdecken versuchen, was in ihnen vorgeht, wenn sie eine Predigt vorbereiten. Dann muss er diesen Prozess so beschreiben, dass er für Lernende klar und hilfreich ist. Diese Aufgabe grenzt mitunter ans Unmögliche.

Von wem sollte ein Predigerlehrling lernen? Gewiss nicht von jedem Prediger. Es gibt genauso viele Tollpatsche hinter dem Predigtpult wie auf dem Fußballfeld und um zu entdecken, wie man etwas geschickt macht, beobachten wir gewöhnlich diejenigen, die es uns wirkungsvoll vorzeigen. Wenn man aber die »Wie-mache-ich-es«-Bücher der berühmten Prediger gelesen hat, stellt man fest, dass es genauso viele Methoden wie Prediger gibt. Vielleicht noch verwunderlicher ist die angeblich »methodenlose« Vorgehensweise, die von einigen wirkungsvollen Predigern verwendet wird. Solche Prediger, die »aus einem übervollen Herzen« heraus reden, vermitteln manchmal Einsichten, die ihr Ziel treffen, obwohl sie bei der Predigt auf alle Regeln verzichten. Auch diese Predigten, die eigentlich auch einer Methode entspringen, sollte man nicht übersehen.

Wie sollen wir die vielen verschiedenen Methoden auswerten oder die offensichtliche Wirkung von Predigten erklären, hinter denen scheinbar keine Methode steht? Wie können wir aus all dem ein Modell machen, dem andere folgen können?

Zunächst grenzen wir die Predigten aus, deren Grundlage außerhalb der Bibel zu suchen ist. Dann ist es auch bei den meisten »methodenlosen« Predigern so, dass sie intuitiv gewissen Regeln folgen, und diese lassen sich analysieren. Außerdem beschränken wir uns auf die Prediger, die konstant gut und wirksam predigen, und vernachlässigen diejenigen, die das nur gelegentlich tun. Klare, bedeutsame biblische Predigten finden nicht durch Zufall oder Intuition jeden Sonntag statt. Gute Prediger haben meistens ein System.

Aus der Tatsache, dass Prediger auf unterschiedliche Weise an ihre Arbeit herangehen, lassen sich zwei Schlüsse ziehen:

1. Denken ist ein dynamischer Prozess und

2. detaillierte Anweisungen, wie man zu denken hat, können diesen Prozess stören.

Welchen Schaden diese Anweisungen anrichten können, zeigt eine kleine Geschichte: Ein Richter und ein Arzt spielten regelmäßig zusammen Golf. Sie spielten gleich gut und mochten das prickelnde Gefühl der Rivalität. In einem Frühjahr wurde der Richter plötzlich so stark, dass er das Spiel regelmäßig gewann. Der Arzt strengte sich an, sein Spiel zu verbessern – aber vergeblich. Dann hatte er eine Idee. Er kaufte in einer Buchhandlung drei Abhandlungen über das Golfspiel und schickte sie als Geburtstagsgeschenk an den Richter. Es dauerte nicht lange, bis sie wieder gleich gut Golf spielten.

Eine wirksame Predigt setzt Einsicht, Vorstellungskraft und geistliche Sensibilität voraus. Das sind Dinge, die man nicht durch Handbücher lernen kann. Eine bibelauslegende Predigt gleicht eher dem Bau einer Kathedrale als der Anleitung zum Zimmern einer Hundehütte.

Aber sogar die Architekten von Kathedralen haben ihre Art und Weise, wie sie ihre Aufgabe erfüllen. Um eine reife Predigt hervorzubringen, ist ein lebenslanger Umgang mit dem Wort Gottes und den Menschen notwendig. Trotzdem braucht ein Anfänger ganz konkrete Hilfen für seinen Start. Kenntnisse darüber, wie andere Prediger mit der Bibel umgehen, sind ein Anfang. Darüber hinaus muss jeder seinen eigenen Verstand, seinen Geist und seine Erfahrungen einbringen. Aus der wiederholten Übung in der Schwerarbeit des Denkens kann sich dann sein eigener Arbeitsstil entwickeln. Aber sich bewusst zu sein, wie andere an diese Aufgabe herangehen, erzeugt Zuversicht und trägt dazu bei, dass man seine Zeit und Energie besser verwendet.

Obwohl im Folgenden die Predigtvorbereitung in Phasen aufgeteilt wird, sind diese in der Praxis oft ineinander verwoben. Die beste Zeit zum Schreiben der Einleitung z. B. scheint gekommen zu sein, wenn die ganze Entwicklung der Predigt klar ist. Trotzdem entwickeln erfahrene Prediger manchmal schon Leitgedanken zur Einleitung, wenn sie noch mitten in den Vorbereitungen der Predigt stecken.

Welche Phasen gibt es nun bei der Vorbereitung einer bibelauslegenden Predigt?

PHASE 1

Auswahl des Predigttextes

Ein altes Kochrezept für die Zubereitung eines Hasen beginnt: »Zuerst müssen Sie den Hasen fangen.« Das ist das Wichtigste, und das Wichtigste sollte man zuerst tun. Ohne Hasen gibt es keinen Hasenbraten. Die erste Frage, die sich der Ausleger stellen sollte, lautet also: Worüber soll ich reden? Welchen Abschnitt der Bibel soll ich auswählen?

Diese Wahl sollte nicht erst am Dienstagmorgen stattfinden, sechs Tage vor der nächsten Predigt. Ein gewissenhafter und guter Predigtdienst beruht auf einer durchdachten und vorausschauenden Planung. Obwohl »alle Schrift nützlich ist«, sind zu einem bestimmten Zeitpunkt nicht alle Schriftstellen von gleichem Nutzen für die Gemeinde. Deshalb braucht der Prediger Einsicht in die Nöte und Bedürfnisse seiner Zuhörer, um die passenden Texte auszuwählen. In seinem Dienst versucht er, Brücken zwischen dem Wort Gottes und den Bedürfnissen seiner Zuhörer zu bauen.

Um dies zu tun, muss er die Nöte seiner Gemeinde ebenso gut kennen wie seine Bibel, damit er weiß, an welchen Stellen Gottes Wort über die entsprechenden Probleme spricht.

Gedankliche Zusammenhänge

Manchmal wird der Prediger schrittweise durch verschiedene Bücher der Bibel predigen. Wenn der Prediger ein biblisches Buch auswählt, sollte er es vorher sorgfältig gelesen haben. So kann er es dann in Sinnabschnitte unterteilen, die dem Zusammenhang angepasst sind. Er soll nicht einfach zehn oder zwölf Verse für eine Predigt herauspflücken, so als ob jeder Vers als einzelner Gedanke behandelt werden könnte. Vielmehr muss er den Grundgedanken des Abschnitts herausfinden, den der Autor verfolgt hat. In den Briefen des Neuen Testaments bedeutet dies, dass der Prediger die Predigttexte den Abschnitten entsprechend abgrenzt, weil die Abschnitte die Bausteine der Gedanken darstellen. Der Prediger wird normalerweise ein oder zwei Absätze auswählen, je nachdem wie sie sich zueinander und zum roten Faden des Buches verhalten.

Natürlich hat keine göttliche Hand die Einteilung der Bibel vorgenommen. Sie unterlag der Einschätzung des Übersetzers oder Herausgebers, die versucht haben, gedankliche Einheiten im Text sichtbar zu machen. Deshalb unterscheidet sie sich auch in den verschiedenen Bibelausgaben. Allen gemeinsam ist, dass verschiedene Gedanken und Geschichten durch Absätze bzw. Kapitel unterteilt wurden. Ein gewissenhafter Prediger vergleicht die Einteilungen im Urtext und in verschiedenen Übersetzungen und wählt dann die aus, die ihm am besten erscheint, und verwendet sie dann als Basis für seine Erläuterungen.

Aus einem erzählenden Teil der Bibel wird der Prediger nicht nur ein oder zwei Absätze herausnehmen, sondern die ganze literarische Einheit. Die Geschichte von David und Bathseba z. B. würde zerrissen, wenn man sie absatzweise predigen würde, denn zu ihr gehören das gesamte 11. Kapitel des 2. Buches Samuel und mindestens ein Teil des 12. Kapitels, denn darin sind die Sünde und ihre verheerenden Folgen aufgezeichnet.

In der Dichtung, z. B. in den Psalmen, entspricht ein Abschnitt ungefähr der Strophe eines Gedichts. Auch wenn der Prediger nur eine Strophe erklären will, wird er sich doch auf den gesamten Psalm beziehen. Das Hauptprinzip für die Auswahl des Predigttextes ist somit: Gründe die Predigt auf die Gesamtheit einer biblischen Aussage!

Länge der Predigt

Der zweite Faktor, der die Auswahl beeinflusst, ist die Zeit. Ein Prediger hat nur eine begrenzte Zeit für seine Predigt zur

Verfügung. Obwohl bei gut vorbereiteten und attraktiv gebrachten Predigten nur wenige Zuhörer auf die Uhr achten, sollte man trotzdem nicht die Zeit stehlen, die einem nicht eingeräumt worden ist. Ein Prediger muss seine Predigt der zur Verfügung stehenden Zeit anpassen. Das sollte in der Vorbereitung geschehen und nicht erst hinter dem Predigtpult.

Sogar wenn er 50 bis 60 Minuten predigen kann, muss er eine Auswahl treffen. Ein fleißiger Prediger kann selten alles mitteilen, was er sich erarbeitet hat, noch muss er dies tun. Durch Erfahrung lernt er, wie weit er in Details gehen kann und ob er den Abschnitt aus der Frosch- oder Vogelperspektive sehen sollte. Beides, die gedanklichen Zusammenhänge und die Zeit, die zur Verfügung steht, müssen bei der Auswahl eines Abschnitts beachtet werden.

Aktueller Anlass

Bei der Erstellung des Predigtkalenders müssen aktuelle Anlässe, wie z. B. Ostern, Pfingsten, Weihnachten, Erntedankfest usw., mit bedacht werden. Auch sollte ab und zu über theologische Fragen, wie Dreieinigkeit, Versöhnung, Inspiration und Autorität der Schrift, gesprochen werden. Dazu kommen menschliche Probleme, wie z. B. Schuld, Schmerz, Einsamkeit, Ehe, Scheidung und Eifersucht. Bei solchen aktuellen Anlässen geht der Prediger vom Gegenstand bzw. Problem selbst aus und sucht dann nach einem Abschnitt in der Bibel, der dazu etwas aussagt. Auf der Suche nach der biblischen Lehrmeinung sind Konkordanzen und Bibellexika eine große Hilfe. Auch theologische Fachbücher können hilfreich sein. Über menschliche Probleme zu predigen, kann sehr anspruchsvoll sein. Je breiter dabei die eigenen Bibelkenntnisse sind, desto eher wird man passende Abschnitte aus der Bibel finden, die ein bestimmtes menschliches Problem darstellen. Ein belesener Prediger kennt die Versuchung von Adam, die Eifersucht von Kain, das schlechte Gewissen von Jakob und die Depression von Elia. Eine Konkordanz gibt oft einen guten Hinweis. Dazu kommen Bücher, die mit moralischen und ethischen Problemen aus christlicher Sicht ringen. Sie analysieren oft nicht nur das Problem, sondern weisen auf wichtige Bibelstellen hin.

Nachdem er den Text ausgewählt hat, muss ein Prediger ihn sorgfältig und möglichst unvoreingenommen untersuchen. Zu oft sagt ein Abschnitt dann nicht das aus, was wir erwarten. Es besteht die Gefahr, dass man etwas in die Bibel hineininterpretiert, das von den eigenen Gedanken bestimmt ist. Manche Prediger haben ihre »Lieblingstexte«, aus denen sie alles Mögliche herauslesen, ohne den Zusammenhang zu beachten. So kann der Prediger in Versuchung kommen, den biblischen Autor in einen modernen Psychologen umzuwandeln, und darauf bestehen, dass dieser in der Predigt Aussagen macht, die er in der Bibel nie gesagt hat.

PHASE 2

Studium des Bibeltextes

Der Kontext

Zunächst sollte der Prediger jede Bibelstelle im Zusammenhang mit dem Buch, in dem sie steht, lesen. Noch besser ist es, wenn man dieses Buch mehrmals liest und auch in verschiedenen Übersetzungen. Sogar diejenigen, die die Fähigkeit besitzen, mit dem Urtext umzugehen, werden es leichter finden, die breite Entwicklung der Gedanken des Autors wahrzunehmen, wenn sie den Text zuerst in ihrer Muttersprache lesen. Zur Verfügung stehen meistens verschiedene Versionen von ganz wortgetreuen Interlinearübersetzungen, wo die deutschen Worte direkt unter den griechischen bzw. hebräischen Worten des Urtextes stehen, bis hin zu umgangssprachlichen Übersetzungen wie »Die Gute Nachricht«. Indem der Prediger verschiedene Übersetzungen liest, gewinnt er einen Eindruck von der Kraft und Lebendigkeit des Originaltextes.

Der Prediger mag wortgetreue Übersetzungen, wie z. B. die Lutherbibel oder die Elberfelder Bibel, für sein Studium verwenden. Wenn diese Übersetzungen vom Predigtpult aus vorgelesen werden, klingen sie oft hölzern und steif. Um die gleiche Dynamik wie der Urtext zu erreichen, könnte der Prediger als Ergänzung eine andere gute Übersetzung verwenden, die der deutschen Umgangssprache mehr angepasst ist und die sich mehr auf die Gedanken als auf die einzelnen Wörter konzentriert.

Was ein Autor in einem Abschnitt der Bibel ausdrückt, kann nur im Zusammenhang (Kontext) des Kapitels oder des ganzen Buches verstanden werden. Das ist bei allen literarischen Werken so, nicht nur in der Bibel. Ein Prediger muss diesen Überblick über das Ganze nicht alleine erarbeiten. Einleitungen zu den jeweiligen Kommentaren und Einführungen in das Alte Testament und das Neue Testament erklären, warum ein Buch geschrieben wurde, und geben einen Umriss seines Inhalts. Obwohl Kommentatoren manchmal verschiedene Meinungen in solchen einführenden Fragen haben, kann der Prediger trotzdem mit ihren Ausführungen arbeiten, während er selbst den Text liest und diese dabei prüft.

Ein einzelner Abschnitt sollte nicht nur im Gesamtzusammenhang des Buches gesehen werden, sondern auch in Beziehung gesetzt werden zum vorausgegangenen und nachfolgenden Abschnitt. Oft ergeben sich durch das Studium des direkten Zusammenhangs mehr Anhaltspunkte zum Verständnis der Schriftstelle selbst als durch die Untersuchung der Einzelheiten des ausgewählten Textes. Um einen Abschnitt zu verstehen, müssen wir erkennen, woraus er sich entwickelt hat, was ihm vorausgeht und welchen Bezug er zum Nachfolgenden hat. Würde es irgendeinen Unterschied machen, wenn dieser besondere Abschnitt nicht hier stünde? Was für einen speziellen Zweck hat dieser ausgewählte Abschnitt für das ganze Buch? Um z. B. die Aussagen von 1. Korinther 13 zu verstehen, muss man auch die Kapitel 12 und 14 studieren, weil alle drei Kapitel eine Einheit über geistliche Gaben bilden. Der im Kapitel 13 angesprochene Kontrast von Liebe und Geistesgaben lässt sich nur mithilfe des Kontextes deuten.

Während man den Bibeltext in verschiedenen Übersetzungen liest, sollte man sich Notizen machen. Schreibe die Probleme so genau wie möglich nieder, die dir beim Erarbeiten dieses Abschnitts begegnen! Versuche, diese Probleme darzulegen und auszudrücken! Wenn sich die verschiedenen Übersetzungen z. B. auffällig unterscheiden, ist das vielleicht ein Hinweis darauf, dass die Übersetzer den Abschnitt aus verschiedenen Perspektiven sehen. Versuche, diese Unterschiede darzulegen! Was auf dich so unterschiedlich wirkt, kann auch aus mangelnder Kenntnis der Hintergründe oder bei ungewohnten Metaphern und Allegorien entstehen. Um Antworten zu finden, muss man als wesentlichsten Schritt die richtigen Fragen stellen.

Dann ist es gut, grob festzustellen, worüber der Autor spricht (sein Gegenstand) und welche Behauptungen er zu diesem Gegenstand macht (die Aussage über den Gegenstand). Es kann auch vorkommen, dass man an diesem Punkt der Vorbereitung den Gegenstand noch nicht greifen kann. Dann sollte man sich fragen, welche zusätzlichen Angaben man benötigt und warum es so schwierig ist, den Gegenstand des Textes zu ermitteln.

Nachdem wir den Abschnitt im Zusammenhang betrachtet haben, müssen die Details untersucht werden: Struktur, Wörter, Grammatik. Dabei sind Kenntnisse der Originalsprache sehr wertvoll. Doch auch eine Interlinearausgabe der Bibel, die das hebräische und griechische Original Wort für Wort wiedergibt, kann gute Dienste leisten, ebenso auch andere Hilfen, die Besonderheiten der Grundsprachen deutlich machen. Genauigkeit, von Ehrlichkeit ganz zu schweigen, verlangt, dass wir jede mögliche Fertigkeit entwickeln, um zu verhindern, dass wir im Namen Gottes etwas kundtun, was der Heilige Geist nie vermitteln wollte.

Lexika

Es gibt verschiedene Hilfsmittel, um die Details eines Abschnitts zu untersuchen. Eine Möglichkeit ist es, im Lexikon die Bedeutungen eines Wortes nachzuschlagen. Große, umfangreiche Lexika beschreiben neben der Definition auch Herkunft und Vorkommen des Wortes in der Bibel.

Biblische Wörterbücher

Viele Fragen über die Verwendung von Ausdrücken, ihre theologische Bedeutung, ihre grammatikalischen Formen und Hintergründe können durch biblische Wörterbücher beantwortet werden.

Konkordanzen

Während Lexika und Wörterbücher ein Wort definieren, geben Konkordanzen darüber Auskunft, in welchem Zusammenhang ein Wort gebraucht wird und an welchen Stellen der Bibel es vorkommt. Offensichtlich waren die Autoren des Neuen Testaments Männer, die im Alten Testament zu Hause waren, und so reflektierten sie bei wesentlichen Begriffen mehr das Gedankengut des Alten Testaments als das Gedankengut der klassischen Literatur. Weil diese Männer die Septuaginta, die griechische Übersetzung der hebräischen Schriften, studierten, ist es sehr hilfreich für einen Prediger, zu verstehen, wie ein Wort in der Septuaginta verwendet wurde.

Grammatiken

Das Verständnis eines Textes ergibt sich nicht nur durch die Analyse der Wörter. Es muss untersucht werden, ob ein Wort als Subjekt, Objekt, in Haupt- oder Nebensätzen, als Redensart usw. gebraucht wird. Ein Studium des Satzbaus zeigt, wie Wörter kombiniert werden, um etwas Bestimmtes auszudrücken. Dabei greifen wir auf Grammatiken zurück.

Kommentare

Ein Lehrer der Schrift braucht selbst auch Lehrer. Kommentare zum Alten und Neuen Testament bringen viele Informationen zur Bedeutung eines Wortes, zum Hintergrund des Textes und zur Argumentationsweise des Autors. Dabei muss nicht unbedingt eine komplette Kommentarserie gekauft werden. Es genügen verschiedene ausgesuchte Kommentare zu den einzelnen Büchern der Bibel.

Indem man die Details eines Abschnitts und seinen Zusammenhang erforscht, begibt man sich schon in die nächste Phase der Vorbereitung.

PHASE 3

Erarbeitung des Textthemas

Die linguistische und die grammatikalische Analyse sollte niemals das Wichtigste einer Predigtvorbereitung sein, aber sie führt zu einem klareren Verständnis des Abschnitts. Nach der Analyse der Einzelheiten müssen diese wieder zu einem Ganzen zusammengefügt werden, indem man den zentralen Gedanken des Textes festhält: Wir nennen diesen zentralen Gedanken das Textthema (bestehend aus Textgegenstand und -aussage). Dabei helfen Fragen wie: Worüber genau redet der Autor? Passt das Textthema zu allen Teilen des ausgewählten Abschnitts? Ist es zu weit oder vielleicht zu eng gefasst?

Der Textgegenstand

Das anfängliche Festlegen des Gegenstandes wird oft zu ungenau durchgeführt. Um den Textgegenstand eines Abschnitts genau festzulegen, sollte man sich eine Reihe von gezielten Fragen stellen, die in dem folgenden Reim vorkommen:

> Ich hatte sechs treue Freunde,
> bei ihnen erwarb ich mein ganzes Wissen;
> sie hießen Wer und Was und Warum,
> Wann und Wo und Wie.

Wenn diese sechs Fragen bei einem Text gestellt werden, wird es leichter sein, den Textgegenstand exakt zu benennen. Nehmen wir als Beispiel Jakobus 1,5-8:

> »Wenn es aber jemandem unter euch an Weisheit mangelt, so bitte er Gott, der jedermann gern gibt und niemanden schilt, so wird sie ihm gegeben werden. Er bitte aber im Glauben und zweifle nicht; denn wer zweifelt, der gleicht einer Meereswoge, die vom Wind getrieben und bewegt wird. Ein solcher Mensch denke nicht, dass er etwas von dem Herrn empfangen werde. Ein Zweifler ist unbeständig auf allen seinen Wegen.«

Bei oberflächlicher Betrachtung mag der Eindruck entstehen, dass Jakobus über »Weisheit« redet. Als Textgegenstand wäre das aber zu weit gefasst, weil Jakobus sich nur über einige Teilbereiche des Begriffs »Weisheit« auslässt. Betrachten wir diesen

Abschnitt etwas genauer, dann sehen wir, dass er davon spricht, wie man Weisheit erlangt. Dies ist schon eine etwas genauere Festlegung des Textgegenstandes. Die vorangehenden Verse 2-4 können uns helfen, den Begriff weiter einzugrenzen. In ihnen ist die Rede davon, dass Freude die adäquate Reaktion auf Prüfungen ist. Die Verse 5-8 führen diesen Gedanken weiter. Deshalb wäre eine gute Formulierung des Textgegenstands dieser Verse: »Weisheit erlangen inmitten von Prüfungen.« Alle Details dieses Abschnitts passen direkt oder indirekt zu diesem Textgegenstand. Wenn ein vorgeschlagener Textgegenstand genau beschreibt, wovon der Autor spricht, erhellt der Textgegenstand die Details des Abschnitts und umgekehrt: Die Details lassen den Textgegenstand heller erscheinen.

Die Textaussage

Nachdem wir den Textgegenstand herausgefunden haben, gilt es die Textaussage zu suchen. Sie bildet zusammen mit dem Textgegenstand das Textthema. Dabei muss man den Aufbau des Abschnitts berücksichtigen, um zwischen seinen Hauptaussagen und den untergeordneten Aussagen unterscheiden zu können. Oft wird die Textaussage sofort sichtbar, wenn der Textgegenstand einmal klar formuliert ist. Zum Textgegenstand »Weisheit erlangen inmitten von Prüfungen« in Jakobus 1,5-8 ist die erläuternde Textaussage: »darum sollen wir Gott bitten.« Ein vollständig formuliertes Textthema verbindet den Textgegenstand mit der Textaussage. In diesem Beispiel würde es dann lauten: »Weisheit in Prüfungen gewinnt man, wenn man Gott im Glauben und ohne Zweifel darum bittet.«

In manchen Abschnitten der Bibel, besonders in den Briefen, weben die Schreiber eine lückenlos durchdachte Beweiskette hinein, welche durch eine grammatikalische Gliederung analysiert werden kann. Eine solche Gliederung deckt die Beziehung von abhängigen Nebensätzen zu den Hauptsätzen auf. Eine andere Methode, die Struktur sichtbar zu machen, ist, ein Diagramm anzufertigen, das die Beziehung der einzelnen Wörter zueinander in den Sätzen aufzeigt. Eine grammatikalische Gliederung oder ein Diagramm kann entweder auf dem Originaltext oder einer guten

Übersetzung beruhen. Beide Methoden helfen, die Hauptaussage eines Abschnitts von den Nebenaussagen zu unterscheiden. Ein Beispiel für eine grammatikalische Gliederung findet sich in Anhang 2.

Andere literarische Formen

Obwohl die Briefe des Neuen Testaments einen fundamentalen Beitrag zur christlichen Lehre leisten, stellen sie nur eine von vielen literarischen Formen dar, die in der Bibel verwendet werden. Viele Leute sind sich nur unzureichend bewusst, dass die Bibel noch viele andere literarische Gattungen enthält, z. B. Gleichnisse, Gedichte, Sprichwörter, Gebete, Reden, Allegorien, Gesetze, Verträge, Biographien, Dramen, Zukunftsvisionen und Erzählungen. Damit wir die Bibel richtig verstehen, sollten wir uns beim Lesen klarmachen, um welche literarische Form es sich gerade handelt und wie sie den Inhalt prägt. So interpretieren wir ein Gedicht anders als ein Gesetzeswerk. Ein Gleichnis unterscheidet sich grundsätzlich von einer historischen Begebenheit oder einem Liebeslied. Wenn man sich mit einer Erzählung beschäftigt, wird eine grammatikalische Analyse wenig sinnvoll sein. Wenn wir eine Erzählung verstehen wollen, müssen wir eine Reihe von Fragen stellen, z. B.: Wer sind die Personen der Geschichte? Warum beschreibt der Autor sie? Wie unterscheiden sich ihre Charaktere? Wie entwickeln sich die Personen im Verlauf der Geschichte? Was trägt der Schauplatz zur Geschichte bei? Welchen Aufbau hat die Geschichte? Wie fügen sich die einzelnen Episoden ins Ganze? Welche Konflikte treten auf und wie werden sie gelöst? Warum wurde die Geschichte geschrieben? Welche Gedanken liegen ihr zugrunde, die oft gedacht und nicht ausgesprochen werden? Wie können sie durch das Textthema beschrieben werden?

Vieles im Alten Testament gehört zur literarischen Form der Dichtung. Man sieht dies besonders gut in den Übersetzungen, wo Gedichte auch als solche gedruckt sind. Sogar Teile der Bibel, die wir nur in Prosa kennen (Prophetie, Weisheitsliteratur, Geschichtsschreibung), enthalten lange Gedichte. Oft erzählen Dichter keine Geschichten, sondern drücken ihre Gefühle und Gedanken aus über das Leben und das Unfassbare darin. In der hebräischen Literatur verwendet der Dichter den Parallelismus, wo der Inhalt eines Satzes in anderen Worten wiederholt oder ergänzt wird. Manchmal folgt auf eine Aussage auch der Gegensatz dazu.

Die hebräische Sprache ist reich an Sinnbildern, die nicht immer Tatsachen, sondern häufig Gefühle beschreiben. Bildhaftes Reden bringt Lebendigkeit und Kraft in die Sprache, weil sie den weiten Bereich der persönlichen Erfahrung zu den Tatsachen hinzufügt. Wenn ein Bauer feststellt: »Das Land braucht Wasser!«, drückt das eine Tatsache aus. Aber wenn er sagt: »Die Erde dürstet nach Regen!«, werden Tatsachen und Gefühle wiedergegeben. Ein Dichter ist immer bemüht, seiner Sprache Kraft und Tiefe zu verleihen. Deshalb sollten wir uns bei der Interpretation von Dichtung fragen: Welche Bedeutung haben diese Bilder? Welche Gefühle werden ausgedrückt? Welche Form- und Strukturelemente benutzt der Autor, um seine Gedanken zu ordnen? Was würde verloren gehen, wenn dieselbe Wahrheit in Prosa ausgedrückt wäre?

Wenn du das Textthema erkannt hast, möchtest du auch verstehen, wie der Verfasser es im Bibeltext entfaltet hat. Um dies nachzuvollziehen, kann es hilfreich sein, den Text zu paraphrasieren (umschreiben). Dabei ist darauf zu achten, dass die Gedanken sorgfältig und exakt nachvollzogen werden. Du musst genau sein im Denken und sorgfältig im Feststellen der Zusammenhänge, die du im Text findest, ob sie tatsächlich niedergeschrieben sind oder nur durch Sinnbilder zu erkennen sind. Während du daran arbeitest, wirst du vielleicht die Ergebnisse deiner Auslegungsarbeit ändern müssen, damit sie besser zum Text passen. Nie sollst du den Text an deine Aussage anpassen!

Als Ergebnis des bisherigen Textstudiums solltest du fähig sein, zwei Aufgaben durchzuführen:

1. Das Textthema (Textgegenstand und Textaussage) in einem kurzen, klaren Satz formulieren.

2. Darstellen, wie das Textthema in diesem Bibeltext entfaltet wird.

Worum ging es im vergangenen Kapitel?

Kontext
Lexikon
Konkordanz
Bibellexikon
Grafische Anordnung
Diagramm
Paraphrasieren

Definitionen

Bibellexikon
enthält Beiträge zu vielen biblischen Themen, geschichtliche Hintergründe und Biografien von biblischen Personen.

Diagramm
zeigt die Beziehung von einzelnen Wörtern zueinander sowie die Beziehung der Sätze untereinander.

Konkordanz
listet auf, in welchen Zusammenhängen ein Wort in der Bibel vorkommt.

Kontext
ist der Zusammenhang, in dem ein Abschnitt steht.

Lexikon (auch Wörterbuch)
enthält Definitionen, Erklärungen zum Ursprung eines Wortes, grammatikalische Formen, den Gebrauch des Wortes in verschiedenen Zusammenhängen, zuweilen auch mit Beispielen aus der Literatur.

Grafische Anordnung
stellt die Beziehungen von Haupt- und Nebensätzen in einem Abschnitt dar.

Paraphrasieren
bedeutet, einen Text mit eigenen Worten wiedergeben. Dadurch kann die Entfaltung der Gedanken im Bibeltext deutlicher werden.

Kapitel 4

Der Weg vom Text zur Predigt

Eine lebendige Predigt umfasst einen zentralen Gedanken aus der Bibel und dessen Verknüpfung mit dem alltäglichen Leben. Deshalb muss sich derjenige, der wirksam predigen will, mit drei verschiedenen Bereichen beschäftigen.

Zuerst gewinnt der Prediger in seinem Studium Kenntnisse über die Bibel. Gott hat selbst entschieden, sich in der Geschichte zu offenbaren – sich Nationen zu offenbaren, die man auf einer Landkarte finden kann, durch Sprachen, die man grammatikalisch beschreiben kann, und in Kulturen, die so hoch entwickelt waren wie unsere Kultur heute – deshalb muss der Ausleger verstehen, was Gottes Offenbarung an die Menschen zu deren Lebzeiten bedeutete.

Zweitens sollte der Ausleger auch die Strömungen seiner eigenen Zeit beobachten, weil jede Generation ihre eigene Geschichte schreibt und ihre eigene Sprache und Kultur hat. Eine bibelauslegende, lehrreiche und gut gegliederte Predigt kann tot und kraftlos wirken, wenn die Probleme und Fragen der Zuhörer darin nicht berücksichtigt wurden. Solche in religiösen Tönen gehaltene Predigten in einer Sprache, die man nie auf der Straße hört, schwelgen in großartigen biblischen Gedankengängen. Aber im Zuhörer erwecken sie das Gefühl, dass Gott weit weg ist und sein Handeln der Vergangenheit angehört. Ein Ausleger darf deshalb nicht nur die Fragen beantworten, vor denen unsere Väter standen. Wer wirkungsvoll Gottes Sprachrohr sein will, muss sich zuerst mit den Fragen seiner Generation beschäftigen und dann auf diese Fragen von Gottes ewiger Wahrheit her antworten.

Der dritte Bereich, mit dem der Prediger zu tun hat, ist das soziale Umfeld, in dem er lebt bzw. in dem seine Gemeinde steht. Je nachdem, ob die Gemeinde sich in einer ländlichen Gegend, in einer Siedlung der gutbürgerlichen Mittelschicht oder in einem Hochhausghetto befindet, sollten sich die Formen unterscheiden, in denen biblische Botschaften vermittelt und ethische und philosophische Fragen unserer Zeit beantwortet werden. Letztlich will der Prediger nicht die ganze Menschheit erreichen. Er spricht bestimmte Menschen an, die er auch zum großen Teil namentlich kennt. Diese Gaben, Seelsorger und Lehrer sein zu können, gehören bei einem Prediger unbedingt zusammen. Es sollte nicht so sein, wie es ein Gemeindeglied einmal ausdrückte: »Das Problem ist, dass Gott wie unser Pastor ist: Die ganze Woche über bekommen wir ihn nicht zu sehen, und sonntags verstehen wir ihn nicht.« Das schlechte Vorbild des Pastors hat eine negative Rückwirkung auf die Gottesvorstellung dieses Menschen! »Die Predigt ist grundsätzlich ein Teil der Seelsorge, und Seelsorge beinhaltet ein tiefgreifendes Verständnis für die Probleme der Gemeindeglieder«[10] (J. M. Reu). Ein guter Hirte kennt seine Schafe.

In den folgenden Abschnitten soll besprochen werden, wie die Vergangenheit, die moderne Welt und das soziale Umfeld in einer Predigt zusammengebracht werden können. Natürlich muss dabei der Prediger die Bibel nicht anpreisen wie »altes Bier«. Auch moderne Menschen können die gleiche Beziehung zu Gott haben wie die Menschen der Bibel. »Der Herr, unser Gott, hat einen Bund mit uns geschlossen am Horeb.« Diese Feststellung wurde von Menschen gemacht, denen die Zehn Gebote ein zweites Mal gegeben wurden und die erst Jahrzehnte nach dem denkwürdigen Ereignis lebten, bei dem Gott seinem Volk durch Mose diese Gebote zum ersten Mal gegeben hatte. Trotzdem sagten sie: »Der Herr, unser Gott, hat einen Bund mit uns geschlossen am Horeb und hat nicht mit unseren Vätern diesen Bund geschlossen, sondern mit uns, die wir heute hier sind und alle leben« (5Mo 5,2-3). Sie bezogen das damalige Ereignis auf sich. Gottes Wort richtete sich auch an diese neue Generation. Er sprach dabei nicht nur von ihrer Beziehung zu Gott, sondern auch von den Beziehungen, die sie zueinander haben sollten.

Um die Bibel so auszulegen, damit uns der allgegenwärtige Gott dort ansprechen kann, wo wir leben, sollte der Prediger die Gemeinde genauso gründlich studieren wie die Heilige Schrift. Er muss sich den Kopf darüber zerbrechen, wie er das Textthema umreißen und zu einer Predigt verarbeiten kann. In der nächsten Phase der Predigtvorbereitung wollen wir darum die Bibel auf das normale, tägliche Leben beziehen.

PHASE 4

Analyse des Textthemas mithilfe von drei grundsätzlichen Fragen.

Das Ergebnis einer exegetischen Studie erscheint mir oft wie ein Topf mit zerkochtem Gemüse. Was kann man tun, um die knackigen und frischen Ideen aus der Auslegung in eine lebendige und vitale Predigt zu verwandeln? Um diese praktische Frage zu beantworten, muss der Prediger wissen, auf welche Weise Gedanken zu einem gestellten Thema entfaltet werden.

Die Gedanken zu einem Predigtthema können auf vier verschiedene Arten entfaltet werden:

1. durch die Umformulierung des Themas,

2. durch Erklärungen zum Thema,

3. durch die Überprüfung der These, die durch das Thema vorgestellt wird, oder

4. durch Anwendungen zum Thema.

Die Kenntnis dieser vier Möglichkeiten öffnet den Weg für die Entwicklung einer Predigt.

Durch den Gebrauch einer neuen Formulierung drückt ein Autor einen Gedanken neu »in anderen Worten« aus, um ihn klarer zu fassen, zu betonen oder zu vertiefen. Solche Neuformulierungen finden sich häufig in der hebräischen Dichtung des Alten Testaments; man nennt diese in der Fachsprache »Parallelismus der Glieder« (Parallelismus membrorum), was so viel bedeutet wie Gedankenreim. So heißt es z. B. in Psalm 104,33: »Ich will dem Herrn singen mein Leben lang, meinen Gott lobpreisen solange ich bin.« Auch Paulus benutzte dieses Stilmittel, z. B. als er die Irrlehrer angriff, die ihre Gesetzlichkeit mit dem Evangelium verwechselten. »Aber wenn auch wir oder ein Engel vom Himmel euch etwas anderes als Evangelium predigen würden, außer dem, was wir euch verkündigt haben, der sei verflucht! Wie wir eben gesagt haben, so sage ich abermals: Wenn jemand euch etwas anderes als Evangelium predigt, außer dem, das ihr empfangen habt, der sei verflucht!« (Gal 1,8-9). Jeremia brachte denselben Gedanken sogar sechsmal in verschiedenen Formulierungen ein, als er Babylon das Gericht ankündigte:

»Das Schwert soll kommen, spricht der Herr,
über die Chaldäer und über die Einwohner von Babel und über ihre Fürsten und über ihre Weisen!
Das Schwert soll kommen über ihre Wahrsager, dass sie zu Narren werden;
das Schwert soll kommen über ihre Starken, dass sie verzagen!
Das Schwert soll kommen über ihre Rosse und Wagen und über alles fremde Volk, das darin ist,
dass sie zu Weibern werden:
Das Schwert soll kommen über ihre Schätze, dass sie geplündert werden!
Dürre soll kommen über ihre Wasser, dass sie versiegen!
Denn es ist ein Götzenland, und an ihren schrecklichen Götzen sind sie toll geworden.«
(Jeremia 50,35-38)

Obwohl solche Wiederholungen und Neuformulierungen einen großen Raum in geschriebener und besonders in gesprochener Kommunikation einnehmen, haben sie in der Entfaltung der Gedanken zum Textthema keine solch große Bedeutung. Die drei anderen Arten, ein Textthema zu entfalten, erzeugen mehr Wirkung. Wir kleiden jede dieser drei in eine Frage.

Was bedeutet diese Aussage?

Die erste dieser drei grundsätzlichen Fragen zielt auf die Erklärung der Aussage, also des Textthemas. Man fragt: Was bedeutet diese Aussage? Muss diese Aussage oder ein Teil von ihr erklärt werden? Diese Frage zielt in verschiedene Richtungen. Zuerst auf die Bibel bezogen bedeutet sie: »Drückt auch der Autor seine Gedanken hauptsächlich durch Erklärungen aus?« Paulus gibt uns dazu im Korintherbrief ein Beispiel. Er erklärte, wozu die verschiedenen Gaben, die Gott gibt, nützlich sind und dass sie zur Einheit der Gläubigen dienen sollen. Er fasst seine Gedanken in 1. Korinther 12,11-12 zusammen: »Dies alles aber wirkt derselbe eine Geist und teilt einem jeglichen das Seine zu, wie er will. Denn gleich wie ein Leib ist und doch viele Glieder hat, alle Glieder des Leibes aber, ob sie viele sind, doch ein Leib sind: so auch Christus.« In den übrigen Versen des Abschnitts erklärt Paulus diese Aussage entweder dadurch, dass er sie in kleinere, verständlichere Teile zerlegt, z. B. indem er die Geistesgaben aufzählt, oder durch eine Illustration am Beispiel des menschlichen Körpers. Dieser Vergleich soll erklären, in welcher Weise die Gemeinde wie ein Körper ist: Er besteht aus vielen verschiedenen Teilen, wobei jeder Teil zum Leben beiträgt und von allen anderen profitiert. Wer also diesen Teil des Korintherbriefs als Predigtgrundlage wählt, sollte beachten, dass Paulus hier seine Gedanken vor allem durch Erklärungen entfaltet, und der Schwerpunkt der Predigt deshalb wahrscheinlich auch in der Erklärung des Textthemas liegt.

Zweitens kann die Frage nach der Bedeutung einer Aussage auch auf die Vorkenntnisse der Zuhörer abzielen. Der Prediger muss sich fragen, ob die Zuhörer eine Erklärung brauchen, auch wenn der Autor keine gibt. Als Paulus z. B. in 1. Korinther 8 über Götzendienst sprach, war das etwas, das seinen Zuhörern genauso vertraut war, wie es uns heute Einkaufszentren oder Kaufhäuser sind. Wir können heute mit den früheren Praktiken des Götzendienstes nicht mehr viel anfangen. Vielleicht würde es den Korinthern von damals mit unseren Supermärkten ähnlich gehen.

Ein sensibler Prediger achtet darauf, dass er den Zuhörern, wenn er über Götzendienst spricht, die damaligen Bräuche und ihre Bedeutung erklärt. Dazu muss er ihnen die psychologischen, emotionalen und religiösen Spannungen nahebringen, unter denen die Korinther standen, wenn sie das Fleisch aßen, das zuerst den Götzen geopfert worden war. Wenn Paulus dabei von schwachen Brüdern sprach, meinte er nicht Menschen, die sich leicht verführen ließen. Er sprach damit übergewissenhafte Menschen an, die diese Götzenreligion nicht durchschauten – nämlich, dass es »keine Götzen in der Welt gibt«, sondern dass sie nur abergläubische Einbildungen sind. Heute schätzen sich viele als »stark«

ein, die im Sinn des Paulus »schwach« sind. Eine Behandlung dieses Textes erfordert heute also eine ausführliche Erklärung, die damals nicht nötig war.

In 1. Korinther 12,13 schreibt der Apostel: »Denn wir wurden alle in einem Geist zu einem Leib getauft, seien wir Juden oder Griechen, Knechte oder Freie, und wurden alle mit einem Geist getränkt.« Hier schon wieder nahm Paulus an, was wir nicht können, dass seine Leser die Taufe im Heiligen Geist verstanden. Ein Hinweis auf die »Taufe durch den Heiligen Geist« lässt vielleicht einige Zuhörer unruhig auf ihren Sitzen herumrutschen und sie wundern sich: »Was bedeutet das?« »Ist das nicht eine Erfahrung, die für einen Charismatiker wichtig ist, und hat das nicht mit Zungenrede zu tun?« »Was denken andere Gläubige aus meinem Kreis darüber?« Der Prediger darf diese Reaktionen nicht übersehen. Stattdessen wird er sie schon in seiner Vorbereitung berücksichtigen und sich in der Predigt Zeit nehmen, die Taufe im Heiligen Geist zu erklären, auch wenn es Paulus in diesem Abschnitt nicht tut.

Eine der wichtigsten Arbeiten beim Predigen ist der Kampf um größtmögliche Verständlichkeit. Napoleon gab seinen Kurieren nur drei Kommandos. »Sei deutlich! Sei deutlich! Sei deutlich!« Verständlichkeit ergibt sich nicht von selbst. Etliche Prediger haben eine gymnasiale oder akademische Ausbildung. Das kann zu einem Hindernis werden, wenn man es mit »normalen« Menschen zu tun hat. Die Sprache und die Gedankenwelt des Predigers können oft so weit von der einfacher Menschen entfernt sein, dass man sich nicht mehr versteht. Wenn nun ein Prediger ein Krankenhaus, eine Druckerei, eine Sporthalle oder eine Werkstatt betritt und den Fachjargon hört, muss er öfters fragen, um zu verstehen, was hier vor sich geht: »Was bedeutet das?« Kaum ein Experte in irgendeinem anderen Fach muss Außenstehenden sein Fachwissen verständlich nahebringen. Anders verhält es sich beim Prediger. Damit alle etwas mitbekommen, ist es wichtig, dass die Zuhörer Erklärungen zu den Dingen der Bibel erhalten, die sie nicht verstehen können. Daher muss ein Prediger besonders darauf achten, was seine Zuhörer nicht wissen und wie er es ihnen erklären soll.

Die Frage nach der Erklärung einer Aussage hat also sowohl mit dem Text als auch mit den Zuhörern zu tun. Der Prediger soll sich vorstellen, dass ein mutiger Zuhörer mitten in der Predigt aufsteht, um die dringende Frage zu stellen: »Was bedeutet das?« – dann wird er schon in der Vorbereitung seiner Predigt auf Dinge aufmerksam werden, die im Laufe der Predigt besprochen werden müssen.

Ist die Aussage heute noch gültig?

Eine weitere Frage, die man an eine Aussage stellen kann, ist die nach der Gültigkeit. Nachdem eine Aussage verstanden worden ist, wird oft gefragt: »Hat diese Aussage eigentlich heute noch Gültigkeit? Kann ich das wirklich so glauben?« Eine vorschnelle Reaktion wäre, solche Fragen zu ignorieren und zu verlangen, dass eine Aussage akzeptiert wird, weil sie so in der Bibel steht. Die Umsetzung einer biblischen Botschaft ins tägliche Leben wird selten durch das Zitieren von Bibelversen erreicht, sondern mehr durch ehrliche Überprüfung, klare Beweisführung und deutliche Beispiele.

Auch die Schreiber des Neuen Testaments stützen ihre Argumente nicht nur auf die Schriften des Alten Testaments, sondern zusätzlich auf Beobachtungen des täglichen Lebens. Als Paulus die Korinther mit der Tatsache konfrontierte, dass er ein Recht auf ihre finanzielle Unterstützung habe, berief er sich sowohl auf die Erfahrung als auch auf mosaische Gesetze.

> »Oder haben allein ich und Barnabas nicht das Recht, nicht zu arbeiten? Wer zieht jemals in den Krieg auf seinen eigenen Sold? Wer pflanzt einen Weinberg und isst nicht seine Frucht? Oder wer weidet eine Herde und nährt sich nicht von der Milch der Herde? Rede ich aber solches nach menschlichem Gutdünken? Sagt nicht solches das Gesetz auch? Denn im Gesetz des Mose steht geschrieben (5Mo 25,4): ›Du sollst dem Ochsen, der da drischt, nicht das Maul verbinden.‹ Sorgt sich Gott etwa um die Ochsen? Oder redet er nicht allenthalben um unsertwillen? Denn es ist ja um unsertwillen geschrieben, dass, der da pflügt, soll auf Hoffnung pflügen; und der da drischt, soll auf Hoffnung dreschen, dass er sein Teil empfangen werde.

> Wenn wir euch das Geistliche säen, ist es dann ein großes Ding, wenn wir euer Leibliches ernten? Wenn andere dieses Rechtes an euch teilhaftig sind, warum nicht viel mehr wir?« (1Kor 9,6-12).

Paulus appelliert zunächst an die eigene Erfahrung der Korinther. Jeder Berufstätige, ob Soldat, Weinbauer, Schäfer oder Bauer, bekommt Lohn durch seine Arbeit. Warum sollte das bei einem Apostel oder Lehrer nicht auch so sein? Dann argumentiert Paulus mit dem Gesetz des Mose, nach dem der Ochse, der das Korn drischt, auch davon essen darf. Ein Arbeiter – ob Mensch oder Tier – sollte für seine Arbeit entlohnt werden.

In diesem Zusammenhang sollte also der Prediger darauf achten, wie der biblische Autor seine Meinung begründet hat. Die Apostel benutzten alle rechtmäßigen Argumente, um damit Verständnis und Zustimmung der Zuhörer zu bekommen. Als Petrus z. B. seine Pfingstpredigt hielt, begründete er das Geschehen mit der Heiligen Schrift und mit der Erfahrung, dass »Gott diesen Jesus, den ihr gekreuzigt habt, zum Herrn und Christus gemacht hat« (Apg 2,36). Die Wunder Jesu, seine Kreuzigung und Auferstehung, Davids Grab und das Phänomen von Pfingsten waren seine Argumente. Dazu führte er auch noch Joel und David als Zeugen an, die bei den Juden als glaubwürdige Propheten bekannt waren, um das zu erklären, was die Leute am Pfingsttag gerade miterlebt hatten.

In ihren Predigten und Briefen gingen die Apostel mit ihren Argumenten auf den Verständnisstand ihrer Zuhörer und Leser ein, um die Gültigkeit ihrer Aussagen zu verdeutlichen.

In seiner Rede an die Intellektuellen auf dem Areopag sprach Paulus über Schöpfungstheologie und ihre notwendigen Bedeutungen. Obwohl er biblische Aussagen vertrat, zitierte Paulus dabei nicht das Alte Testament, weil es den heidnisch-griechischen Zuhörern nichts bedeutete. Stattdessen unterstützte er seine Aussagen, indem er auf ihre Götzen und Philosophen hinwies und Schlüsse aus dem alltäglichen Leben zog. Er wollte den Athenern dadurch natürlich keine Lehrstunde in griechischer Philosophie erteilen. Das Alte Testament war Autorität für alle seine Behauptungen, wie z. B. die Randnotizen in dem von Nestle herausgegebenen griechischen Neuen Testament beweisen. Er benutzte Aussagen aus heidnischen Quellen, die mit der biblischen Offenbarung übereinstimmten, weil sie von den Zuhörern eher verstanden und akzeptiert wurden.

Neben dem Herausarbeiten dessen, was der biblische Autor benutzt, um die Glaubwürdigkeit seiner Aussagen zu unterstützen, muss sich der Prediger auch fragen, ob seine Zuhörer heute die Botschaft glauben können.

Fragen wie »Ist das wahr? Kann ich das wirklich glauben?« werden heute oft gestellt. In früheren Generationen konnten solche Fragen nicht offen gestellt werden, weil sie durch Schuldgefühle unterdrückt wurden. Heute muss man eher mit einer fragenden und zweifelnden Einstellung der Zuhörer rechnen. Durch schulische Erziehung und den Einfluss der Massenmedien haben wir es heute mit Skeptikern zu tun, die dogmatischen Ansprüchen und enthusiastischen Aufrufen gleichgültig oder ablehnend gegenüberstehen, egal, von welcher Seite sie kommen.

Ein Prediger ist deshalb gut beraten, wenn er davon ausgeht, dass eine Aussage von den Zuhörern nicht schon deshalb als wahr und glaubwürdig angenommen wird, weil sie in der Bibel steht. Sie steht natürlich in der Bibel, weil sie wahr ist, aber das muss man den Zuhörern erst einmal klarmachen. Die Bibel beschäftigt sich mit der Realität, wie sie ist und wie Gott sie geschaffen hat und in ihr regiert. Man könnte von daher auch erwarten, dass sich ihre Aussagen in denen der Wissenschaften wiederfinden. Damit ist nicht gesagt, dass man biblische Wahrheiten durch soziologische, astronomische oder archäologische Studien beweisen müsste, aber die echten Erkenntnisse dieser Wissenschaften unterstreichen den Wahrheitsgehalt der Bibel.

Wie sollte man also als Prediger die Frage »Ist das wahr?« behandeln? Dazu ein Beispiel aus Römer 8,28, wo Paulus behauptet: »Wir wissen aber, dass denen, die Gott lieben, alle Dinge zum Besten dienen, denen, die nach seinem Vorsatz berufen sind.« Die meisten Zuhörer nehmen heute diese Aussage mit gerunzelter Stirn zur Kenntnis: Wie soll ich so etwas glauben? Was ist denn mit der Frau, die von einem Amokschützen niedergeschossen wurde und die ihren Mann und drei kleine Kinder hinterlässt? Was ist mit der christlichen Familie, der gesagt wird, dass ihr vierjähriger kleiner Sohn Leukämie hat? Soll das »das Beste« sein? Ist es »das Beste«, wenn ein junger Missionar in einem Urwaldfluss ertrinkt, bevor er überhaupt einem einzigen Eingeborenen begegnet ist? Wenn man mit diesem Bibelabschnitt arbeitet, ohne diese Fragen zu stellen und diese auch nicht befriedigend beantwortet, kann man viele seiner Zuhörer verlieren.

Ein weiteres Beispiel ist Johannes 14,12: »... er wird noch größere (Werke) als diese tun, denn ich gehe zum Vater.« Um die Gültigkeit dieser Aussage hervorzuheben, benutzt D. G. Barnhouse eine Analogie:

> »Auf einem amerikanischen U-Boot, das sich in feindlichen Gewässern befand, bekam ein Matrose eine akute Blinddarmentzündung. Der nächste sichere Hafen war Tausende Seemeilen entfernt. Eine Operation war unumgänglich. Als sie nicht mehr länger abwarten konnten, da das Fieber des Kranken schon auf über 40° C gestiegen war, sagte der Bordapotheker: ›Ich habe schon bei Blinddarmoperationen zugeschaut und würde mir so etwas zutrauen. Was meinen Sie?‹ Der Matrose war einverstanden. In der Offiziersmesse wurde der Patient auf einen Tisch unter eine helle Lampe gelegt. Der Apotheker und die Offiziere, die ihm assistieren wollten, zogen sich ihre Pyjama-Oberteile verkehrt an und bedeckten ihre Gesichter mit Mull. Die Mannschaft versuchte, das Boot ruhig zu halten, und der Koch kochte Wasser zur Sterilisation ab. Ein Teesieb diente als antiseptischer Behälter, ein Skalpell mit gebrochenem Griff als Operationsinstrument. Alkohol, von Torpedos genommen, wurde als Desinfektionsmittel verwendet, und gebogene Esslöffel hielten die Bauchdecke auseinander. Nachdem der Apotheker die Bauchhöhle geöffnet hatte, brauchte er 20 Minuten, um den Blinddarm zu finden. Zweieinhalb Stunden später war der letzte Stich getan, gerade als der Narkoseäther aufgebraucht war. 13 Tage später konnte der Patient wieder arbeiten.
> Jeder wird zustimmen, dass dies eine größere Leistung war als eine Operation, die von ausgebildeten Ärzten und Krankenschwestern in einem modernen Krankenhaus durchgeführt wird. Durch diese Analogie wird klar, was Jesus meint, wenn er sagt: ›Er wird größere (Werke) als diese tun, denn ich gehe zum Vater.‹ Als Jesus lebte und verlorene

Menschen rettete, waren das große Taten. Aber noch großartiger ist, dass er das noch heute durch uns tut.«[11]

C. Jones gebrauchte oft ein einfaches Beispiel, um die Notwendigkeit des Glaubens zu verdeutlichen: »Wenn man durch die eigenen guten Werke in den Himmel kommen will, ist es so, als wolle man in einem Papierboot den Atlantik überqueren.«

C. S. Lewis geht auf die Gültigkeit der Heiligen Schrift ein, indem er sich mit einer von nachdenklichen Menschen gestellten Frage über das Evangelium identifiziert:

»Es gibt noch etwas anderes, was für mich ein Rätsel war. Ist es nicht schrecklich ungerecht, dass nur die Menschen das ewige Leben erlangen, die von Christus gehört haben und es geschafft haben, ihm zu glauben? Aber die Wahrheit ist, dass Gott uns nicht sagt, wie er mit den anderen Menschen umgeht. Was wir wissen, ist, dass kein Mensch ohne Christus gerettet werden kann. Was wir aber nicht wissen, ist, ob nur jene, die ihn kennengelernt haben, gerettet werden können. Anstatt zu überlegen, was mit den Heiden geschieht, sollte man lieber darüber nachdenken, ob man selbst gerettet ist. Denn es scheint doch sehr unlogisch, wenn man sich Sorgen um die Menschen macht, die ohne Christus leben, und selbst ohne ihn lebt. Christen stellen den Leib Christi dar, den Organismus, durch den Gott arbeitet. Jeder, der hinzukommt, ermöglicht ihm, mehr zu arbeiten. Wenn man den Wunsch hat, den Heiden zu helfen, sollte man sich als kleine Zelle dem Leib Christi anschließen, damit Gott ihnen helfen kann. Wenn man nämlich einem Menschen einen Finger abschneidet, ist das nicht gerade das beste Mittel, ihn zu produktiverem Arbeiten zu bringen.«[12]

Egal, ob man mit Lewis einverstanden ist oder nicht, er gibt uns ein gutes Beispiel dafür, wie eine klassische Frage gestellt, behandelt und an die Zuhörer zurückgegeben werden kann.

Auch J. W. Hamilton hat ein gutes Gespür für brodelnde Fragen, die bei einer Predigt über die göttliche Vorsehung auftauchen. Er zitiert zu Beginn seiner Predigt einen unbekannten Dichter:

> »Wo ist das Meer?«, riefen die Fische, als sie durch den Atlantik schwammen. »Wir haben vom Meer und den Gezeiten gehört, und wir wollen das blaue Wasser sehen.«

Um uns herum sind lauter kleine Fische, die das Meer sehen wollen. Die Menschen leben und haben ihre Erfüllung durch die göttliche Vorsehung, aber sie sehen vor lauter Wasser das Meer nicht mehr. Vielleicht liegt es an der Ausdrucksweise. Die alten Israeliten waren ein religiöses Volk. Sie dachten in religiösen Vorstellungen, sprachen eine religiöse Sprache und sahen in jedem Ereignis ein direktes Eingreifen Gottes. Wenn es regnete, war es Gott, der den Regen sandte. Wenn die Ernte gut war, war es Gott, der den Ertrag gegeben hatte. Aber so reden und denken heutige Menschen nicht mehr. Unser Denken ist mehr von wissenschaftlich erforschten Gesetzmäßigkeiten geprägt. Wenn es regnet, wissen wir, dass es kondensierter Wasserdampf ist. Wenn die Ernte gut ist, führen wir das auf die Düngemittel zurück. In unserer Denkweise spielen sich erstaunliche Dinge ab. In einer Welt, die keinen Augenblick ohne Gott existieren kann, haben wir Menschen unser Denken so eingerichtet, als ob es ihn gar nicht gäbe. Wir haben die Sicht dafür verloren, dass Gott für uns in allen Bereichen sorgen kann und will, und versuchen, viele unserer Bedürfnisse durch eigene und durch Naturkräfte zu stillen. Viele Menschen, die auf dem Land aufgewachsen sind, vergessen, Gott für das Essen auf dem Tisch zu danken, weil sie nun in der Stadt leben und ihre Lebensmittel im Supermarkt kaufen. Ein Arzt in New York sagte einmal: »Wenn man hier ein Kind fragt, wo die Milch herkommt, wird es nicht an eine Kuh denken, sondern sagen: aus der Packung.«[13]

Bloß zu fragen: »Ist das wahr? Glauben meine Zuhörer und ich wirklich an diese Wahrheit?«, ergibt keine schnelle Antwort. Aber wenn wir uns nicht mit solchen grundlegenden Fragen beschäftigen, werden wir bald nur noch zu denen sprechen, die ihr Leben bereits Jesus übergeben haben. Noch schlimmer, weil wir selbst nicht bereit sind, solche Fragen ehrlich zu stellen, gehen wir mit Botschaften hausieren, die wir selbst nicht glauben. Die Zuhörer dürfen erwarten, dass wir Probleme wahrnehmen, bevor wir Lösungen bringen. Deshalb muss sich der Prediger, nachdem er das Textthema erforscht hat, ernsthaft mit den Fragen beschäftigen: »Werden meine Zuhörer diese Aussage als wahr und gültig annehmen? Wenn nicht, warum nicht?« Er sollte die Fragen, die ihm dabei kommen, aufschreiben und sich überlegen, in welche Richtung die Antworten gehen könnten. Der Prediger wird dabei vieles entdecken, worüber er und seine Zuhörer nachdenken sollten.

Welche Konsequenzen ergeben sich daraus?

Die dritte wichtige Frage bei der Erarbeitung einer Predigt ist die nach der Anwendbarkeit. Obwohl es sehr wichtig ist, die Gültigkeit und Wahrheit einer biblischen Aussage zu erklären, ist die Predigt nicht fertig, ehe die Aussage nicht in Verbindung mit dem Leben der Zuhörer gebracht worden ist. Im Grunde warten die Menschen vor dem Predigtpult von Anfang an darauf, dass der Prediger die Fragen »Was soll das nun? Was bringt das für mich persönlich?« beantwortet. Alle Christen sollten sich diese Fragen stellen, wenn sie in der Bibel lesen. M. J. Adler teilt Bücher in theoretische und praktische ein. Ein theoretisches Buch kann man zu verstehen versuchen und es dann zur Seite legen. Ein praktisches Buch muss nicht nur gelesen, sondern auch angewendet werden. Nach dieser Einteilung ist die Bibel ein höchst praktisches Buch, das sowohl verstanden als auch befolgt werden muss.

Viele Prediger haben die Anwendung vernachlässigt. Bisher gibt es auch noch kein einziges Buch, das sich ausschließlich oder vorwiegend mit dem schwierigen Problem der Anwendung beschäftigt. Die Folge ist, dass viele Gemeindeglieder, die ihr ganzes Leben lang biblische Predigten ohne Anwendungen hören, möglicherweise unchristlich leben. Unser Glaubensbekenntnis besteht aus zentralen Glaubenslehrsätzen und erinnert uns daran, was wir als Christen glauben sollten. Bedauerlicherweise kann es uns nicht sagen, wie wir uns aufgrund unseres Glaubens verhalten sollen. Das ist eben die Aufgabe des Predigers, und er sollte dies sorgfältig in Angriff nehmen.

Die Grundlage für eine brauchbare Anweisung zur Anwendung ist immer eine genaue Auslegung. Wir können nicht fragen, was ein Abschnitt für uns bedeutet, wenn wir nicht herausgefunden haben, worüber dort gesprochen wird. Dazu müssen wir verstehen, was der Autor seinen damaligen Zuhörern sagen wollte. Erst danach können wir fragen, was es für uns bedeuten kann.

Wir müssen untersuchen, wo Gemeinsamkeiten und Unterschiede zwischen den Zuhörern von damals und heute bestehen. Je mehr Gemeinsamkeiten vorhanden sind, desto direkter kann die Übertragung und Anwendung sein.

> »Wisset, liebe Brüder, ein jeglicher Mensch sei schnell zum Hören, langsam zum Reden, langsam zum Zorn. Denn des Menschen Zorn tut nicht, was vor Gott recht ist.« (Jak 1,19-20)

Diese Aufforderung von Jakobus an die Judenchristen in der ganzen Welt gilt auch heute noch direkt für alle Gläubigen, egal zu welcher Zeit und in welcher Situation sie leben, denn alle Christen stehen in der gleichen Beziehung zu Gott und seinem Wort.

Wenn die Übereinstimmung zwischen der Bibel und dem 21. Jahrhundert weniger direkt ist, wird eine passende Anwendung schwieriger. Ein Prediger muss ganz besonders auf das Gemeinsame des modernen Menschen heute und derer, die die göttliche Offenbarung erhalten haben, achten, aber auch genauso auf die Unterschiede zwischen ihnen. Zum Beispiel konnten Paulus' Anweisungen für Sklaven direkt von den christlichen Sklaven des 1. Jahrhunderts angewendet werden. Viele Prinzipien, die aus dieser Herr-Sklave-Beziehung gewonnen werden können, haben heute ihre Bedeutung im Verhältnis von Arbeitgeber zu Arbeitnehmer. Dabei darf aber nicht übersehen werden, dass moderne Angestellte keine Sklaven sind! Wenn man die Unterschiede des Verhältnisses Arbeitgeber-Arbeitnehmer zu damals ignoriert, würde dies zu groben Fehlanwendungen des Abschnitts führen. Wenn man Mitglieder einer Gewerkschaft angreift, weil doch Sklaven ihren Herren zu gehorchen haben (Eph 6,5), hat man den Unterschied zwischen Sklaven und Angestellten missachtet.

Texte des Alten Testaments auf moderne Zuhörer anzuwenden, ist noch schwieriger. Falsche Anwendungen des Alten Testaments haben leider eine unheilvolle Geschichte. Eine unselige Anwendung liegt vor, wenn man die Abschnitte des Alten Testaments mit Fantasie frei deutet. Die Geschichten, die dort erzählt werden, dienen dann nur als Gleichnisse mit verborgenen Bedeutungen, die aber nicht im Text, sondern im Kopf des Auslegers verborgen sind. Eine andere falsche Methode ist, das Alte Testament nur als Beispiel oder Illustration für die Lehren des Neuen Testaments zu benutzen. Bei dieser Methode kommt die Autorität für die Predigt weder von der Theologie des Alten Testaments noch von der Absicht des Schreibers, sondern lediglich aus der Theologie des Predigers selbst, der sie in den alttestamentlichen Abschnitt hineininterpretiert. Sollte er wegen seiner Interpretation oder Anwendung infrage gestellt werden, stützt er sich nicht auf den vorliegenden Text, sondern verteidigt sich mit einem Abschnitt aus dem Neuen Testament oder mit einer Theologie, die von den Zuhörern akzeptiert wird.

Wie können wir also vorgehen bei der Beantwortung der dritten Frage (»Na und? Welche Auswirkungen hat das?«)? Zunächst sollte die Anwendung mit der theologischen Absicht des biblischen Autors übereinstimmen. »Der Prediger muss nicht nur die Aussage des Textes verstanden haben, sondern auch die Umstände, die Anlass zur Entstehung des vorliegenden Textes gaben. Das Herausarbeiten der theologischen Absicht gehört mit zu seiner auslegenden Arbeit. Erst danach kann er den Text interpretieren und den Fehler vermeiden, in den Text etwas hineinzulegen, was der Autor gar nicht beabsichtigt hat«[14] (J. Bright).

Wir können einen Abschnitt des Alten oder Neuen Testaments nicht verstehen oder anwenden, wenn wir den Zusammenhang nicht kennen. Wenn man z. B. einen Abschnitt oder ein Kapitel des Predigerbuches analysieren will, muss man sich zuerst mit der Absicht des ganzen Buches vertraut machen. Andernfalls kommt man auf unpassende Ideen oder zieht verheerende Schlüsse für die Menschen von heute. Nur wenn wir das größere Textstück gemeistert haben, können wir die Hinweise finden, um die kleineren Abschnitte zu verstehen und zu wissen, warum sie geschrieben wurden.

Hier sind einige Fragen angeführt, die uns helfen, die theologische Absicht des Autors zu verstehen:

1. *Gibt der Text Hinweise auf die Absicht des Schreibers? Gibt der Autor eigene Kommentare oder sonstige Interpretationen über das Geschehen?*

Im Buch Ruth, Kapitel 4,11-12 z. B. finden wir das glückliche Ende einer Geschichte, die einen hoffnungslosen Anfang hat. Dort wird Gottes gnädige Führung im Leben der beteiligten Personen deutlich. Die Fürsorge Gottes für Ruth und seine liebevolle Leitung zieht sich durch alle Kapitel des Buches. Sie kommt besonders in den sieben Segensgebeten und in der Weise zum Ausdruck, wie diese Gebete erhört werden.

Gottes Eingreifen ist in alltägliche Erscheinungen so hineingewoben, dass auf den ersten Blick gar nicht offenbar wird, dass er handelt. Erst beim tieferen Nachdenken wird deutlich, dass Gott kontinuierlich dabei war, die Bedürfnisse und Hoffnungen von ganz gewöhnlichen Menschen zu erfüllen.

2. *Werden im Text theologische Urteile gefällt?*
Den Kommentar »Zu der Zeit war kein König in Israel, und jeder tat, was ihm recht dünkte« finden wir im Buch der Richter an zwei Stellen (17,6; 21,25). Sie deuten darauf hin, wie wichtig diese Tatsache für die Geschichte der Israeliten war.

Die Schilderung von Davids Sünde mit Bathseba und seinem Mord an Uria floss aus der Feder eines Historikers. Es ist ein Tatsachenbericht bis zu der Stelle in 2. Samuel 11,27: »Aber dem Herrn missfiel die Tat, die David getan hatte.«

3. *Erzählungen in der Bibel bringen gewisse Schwierigkeiten mit sich.*
Neben den üblichen Fragen sollten wir noch zusätzlich erforschen:

Dient die Geschichte als Beispiel oder als Warnung? Warum? Handelt es sich dabei um eine Norm oder um eine Ausnahme? Welche Begrenzungen in der Anwendung ergeben sich daraus?

4. *Was sollten die Menschen daraus entnehmen, denen die Botschaft damals gegeben wurde? Was bedeutet die Botschaft für ihre Leser heute? Die Schreiber wussten ja, dass ihre Schriften auch von späteren Generationen gelesen werden würden.*

5. *Warum steht dieses Buch, diese Erzählung in der Bibel? Was hat der Heilige Geist damit bezweckt?*

Weitere Fragen zielen auf die Anwendungsmöglichkeiten für moderne Menschen, die in einer anderen Situation als damals leben.

1. *Was war die ursprüngliche Situation, in der Gott sein Wort sprach? Welche Gemeinsamkeiten haben moderne Männer und Frauen mit der damaligen Zuhörerschaft?*
   Zum Beispiel gehörten die Zuhörer im 5. Buch Mose, denen Mose die Zehn Gebote wiederholte, einer neuen Generation an. Sie glaubten an Jahwe und gehörten zum auserwählten Volk, für das Gottes Verheißungen galten. Gott schloss einen Vertrag mit ihnen, in dem genaue Belohnungen und Strafen für Gehorsam oder Ungehorsam festgelegt waren. Alle waren mit Mose durch die Wüste gezogen und wollten das Land einnehmen, das Gott Abraham versprochen hatte.
   Christen von heute können sich nicht direkt mit dem Staat Israel identifizieren. Die Gemeinde ist weder eine Theokratie noch eine Nation. Aber wir glauben an Jahwe und sind in unserem Jahrhundert das Volk Gottes, das durch seine Gnade auserwählt wurde, um seine Zeugen in aller Welt zu sein. Außerdem erwartet Gott von uns, dass wir ihm gehorchen.

2. *Inwieweit können wir uns mit den Männern und Frauen der Bibel identifizieren in ihrer Art, wie sie auf Gottes Wort eingingen oder nicht?*
   Obwohl wir uns nicht in der Situation der Israeliten befinden, die das Land Kanaan einnahmen, und uns auch nicht mit David vergleichen können, der als König in Jerusalem regierte, haben wir doch dieselbe menschliche Natur. Wir können uns mit ihren intellektuellen, emotionalen, psychischen und geistigen Reaktionen gegenüber Gott und ihren Mitmenschen durchaus identifizieren.
   Wir sollten uns stets die folgende Beobachtung von J. Daniel Baumann vor Augen halten: »Wir haben viele Gemeinsamkeiten mit den Menschen des Altertums. Nur in einigen oberflächlichen Gedanken, rationalen Anschauungen und geistigen Strömungen unterscheiden wir uns von ihnen.

In allen grundsätzlichen Verhaltensweisen stimmen wir mit ihnen überein. Wir stehen genauso vor dem Angesicht Gottes wie sie. Wir alle haben Erfahrungen mit Schuld wie David, mit Zweifel wie Thomas, mit Verleugnung wie Petrus, mit der Abkehr von Gott wie Demas, vielleicht sogar mit dem Judaskuss. Wir sind mit den Abgründen und Realitäten der menschlichen Seele verknüpft.« Auch wenn es zu einfach klingen mag, müssen wir feststellen, dass Gott immer schon Menschen mit seinen Wahrheiten konfrontiert hat und dass wir uns mit den Reaktionen der Menschen gegenüber Gott und den Mitmenschen auseinandersetzen müssen – allein, in der Gruppe oder beides. Gottes Person und Charakter ändern sich nicht. Die Prinzipien und die Dynamik in seinem Handeln am Menschen haben sich bis heute nicht verändert.

3. *Welche weiteren Einsichten in Gottes Handeln mit seinem Volk haben wir durch zusätzliche Quellen bekommen?*
Autoren von Kriminalromanen lassen im ersten Kapitel ihrer Bücher oft verwirrende oder unheimliche Dinge geschehen, deren Bedeutung erst im weiteren Verlauf des Romans deutlich wird. Auch in der Bibel werden manche Aussagen erst im Licht der gesamten Offenbarung klar. Deshalb sollte kein Abschnitt isoliert vom Ganzen interpretiert oder angewendet werden.

4. *Wenn ich eine ewige Wahrheit oder ein Prinzip erkannt habe, welche praktische Anwendung zeigt sich für mich und meine Zuhörer?*
Welchen Einfluss hat dies auf meine Gedanken, Gefühle, Einstellungen und Verhaltensweisen? Unterstelle ich mich selbst dieser Wahrheit? Habe ich das vor? Welche Hindernisse kann es geben, die meine Zuhörer davon abhalten könnten, sich auch dieser Wahrheit zu beugen? Welche Vorschläge könnten ihnen helfen, Gott so zu antworten, wie er es erwartet?

Normalerweise ergibt sich die Anwendung direkt aus dem Bibeltext, welcher der Predigt zugrunde liegt. Wenn der Prediger aber von einem speziellen Problem seiner Zuhörer ausgeht, muss er sich überlegen, in welchen Abschnitten der Bibel dieses Problem behandelt wird. Taucht es in verschiedenen Bibeltexten auf, ist die Lösung und Anwendung ebenfalls meist gut herauszuarbeiten. Schwierig wird es dann, wenn es sich um Probleme handelt, die gar nicht direkt in der Bibel erfasst sind. Weil Jesus Christus als Herr über die ganze menschliche Geschichte steht, müssen Christen aus einer göttlichen Perspektive heraus zu Antworten auf aktuelle ethische und politische Fragen kommen. Dabei muss man annehmen, dass der Heilige Geist etwas zu sagen hat über Abtreibung, Retortenbabys, Umweltverschmutzung, Hunger in der Welt, Nutzen und Schaden der Technik oder auch staatlicher Sozialfürsorge. Die Prinzipien, nach denen wir leben und handeln sollen, können also nicht immer direkt aus der Schrift abgeleitet werden. Stattdessen werden sie oft indirekt abgeleitet und es hängt davon ab, ob der Prediger die gesellschaftliche Frage richtig analysiert und die theologischen Grundsätze richtig in Beziehung dazu bringen kann. Oft beeinflusst dabei schon die Fragestellung oder Betonung die Antwort. Einige Fragen sollen helfen, die Genauigkeit unserer Schlussfolgerungen zu überprüfen:

1. *Habe ich die Fakten verstanden und die Fragen korrekt gestellt, die sich in diesem Zusammenhang ergeben? Können diese Fragen auch anders gestellt werden, sodass andere Aspekte in den Vordergrund treten?*

2. *Habe ich alle theologischen Prinzipien beachtet, die in Betracht kommen? Welches Gewicht haben die einzelnen Prinzipien für mich?*

3. *Ist die Theologie, die ich vertrete, wirklich biblisch, gestützt durch gründliche Exegese und sorgfältige Interpretation der biblischen Texte?*
   Nur einfach Belegstellen aus der Bibel anzuführen, birgt eine spezielle Gefahr in sich. Ein solches Vorgehen stützt seine Lehren und Positionen auf Bibelstellen, die manchmal willkürlich aus dem Zusammenhang gerissen und ohne Bezug darauf verwendet werden, was der Autor eigentlich sagen wollte.

Um sich ein Urteil in diesen Fragen zu bilden, gibt A. Miller einen hilfreichen Rat: »Eine solide christliche Entscheidung beruht immer zugleich auf Glauben und auf Fakten. Sie ist wahrscheinlich um so richtiger, je mehr der Glaube richtig wahrgenommen und die Fakten ernsthaft überprüft wurden.«[15] Weil die Analyse der Fakten und die Interpretation des Glaubens durchaus verschieden ausfallen können, finden sich bei Christen in ethischen und politischen Fragen verschiedene Meinungen. Eine Entscheidung aber kann erst dann wirklich als christlich angesehen werden, wenn wir die Tatsachen im Licht unseres Glaubens genau untersucht haben.

Diese drei Fragen – »Was bedeutet diese Aussage?«, »Ist diese Aussage heute noch gültig?«, »Welche Konsequenzen ergeben sich daraus?« – sind die wichtigsten, um eine Predigt zu entwickeln. Sie bauen aufeinander auf. Ich kann die Frage nach der Gültigkeit einer Aussage nicht beantworten, wenn ich die Aussage selbst nicht verstanden habe, und wenn wir etwas nicht verstanden haben, hat es auch keine Auswirkungen auf unser Leben. Obwohl sich der Prediger mit allen drei Fragen beschäftigen sollte, steht gewöhnlich eine davon im Mittelpunkt der Predigt.

Nachdem diese Untersuchungen abgeschlossen sind, kommt die nächste Phase der Predigtvorbereitung.

PHASE 5

Formulierung des zentralen Gedankens für die Predigt (Predigtthema)

An dieser Stelle seiner Vorbereitungen kennt der Prediger bereits die Richtung seiner Predigt und die Fragen, die sich aus dem Abschnitt ergeben und die behandelt werden müssen. Der zentrale Gedanke für die Predigt sollte nun prägnant formuliert werden. Er sollte sich sowohl auf die Bibel als auch auf die Zuhörer beziehen. Werbefachleute wissen, dass Aussagen selten als Aussagen, sondern häufig als Slogans wahrgenommen werden. Die Sprüche von Werbetextern sind zwar meistens nicht mehr als schillernde Seifenblasen, doch sollte man den Einfluss eines gut formulierten, einprägsamen Gedankens auch in einer Predigt nicht unterschätzen. Gedanken beeinflussen uns mehr, als wir glauben. Wenn wir wichtige biblische Aussagen in kurze, leicht zu merkende

Sätze verpacken, fällt es den Zuhörern leichter, Gottes Gedanken zu verstehen, sie sich zu merken und danach zu leben.

Wenn es sich beim Textthema um ein allgemeines, zeitunabhängiges Prinzip handelt, dann kann das Predigtthema mit dem Textthema identisch sein. Das mag zum Beispiel bei der Einleitung des Gleichnisses vom reichen Kornbauern der Fall sein: »Sehet zu und hütet euch vor aller Habgier, denn niemand lebt davon, dass er viele Güter hat« (Lk 12,15). Diese Warnung richtet sich an alle Menschen in allen Kulturen, ihre Herzen nicht daran zu hängen, Reichtümer anzuhäufen. Sie muss nicht notwendigerweise umformuliert werden.

Andere Textthemen können dadurch zu Predigtthemen verarbeitet werden, indem die Textthemen präziser und persönlicher gefasst werden. Das Textthema von 1. Thessalonicher 1,2-6 kann sein: *Paulus dankt Gott für die Christen in Thessalonich, weil sie mit Glauben, Liebe und Hoffnung leben und handeln und weil sie von ihm erwählt wurden.* Das Predigtthema sollte einfacher und direkter formuliert sein: *Wir können Gott danken für das Vorbild anderer Christen und von ihnen lernen, was sie für Gott tun und was Gott für sie tut.*

Ein Textthema von 1. Timotheus 4,12-16 könnte lauten: *Paulus ermutigt Timotheus, trotz seiner Jugend Respekt zu gewinnen, indem er sowohl in seinem Handeln als auch in seinen Motiven vorbildlich ist und fleißig predigt.* Das Predigtthema könnte so lauten: *Junge Männer können sich Respekt verschaffen, indem sie auf ihr persönliches Leben und ihre Lehre achtgeben.* Wenn diese Predigt vor jungen Studenten gehalten würde, könnte der Satz noch persönlicher formuliert werden: *Auf dich selbst und deine Lehre zu achten, verschafft dir Respekt im Predigtdienst.*

Manchmal wird das Predigtthema auch moderner formuliert und ist nicht mehr so eng am Wortlaut des Textes angelehnt. Bei Römer 1,1-17 kommt J. Rose zu der Aussage: »*Wenn der Einfluss des Evangeliums das Wichtigste in der Gemeinde ist, dann ist die Kraft des Evangeliums in der ganzen Welt nicht mehr aufzuhalten.*« Ein Predigtthema von Römer 2,1-29 könnte sein: *Diejenigen, die Gesetzlichkeit als Fahrschein in den Himmel ansehen, müssen sich nicht wundern, wenn sie in der Hölle ankommen.* In Römer 6,1-14 geht es um die Rechtfertigung aus Glauben und die Meinung, dass es für viele Menschen eine Aufforderung zu sündigen sei, wenn man sie als gerechtfertigt bezeichnet. Paulus antwortet: *»Durch unsere Gemeinschaft mit Jesus Christus sind wir der Sünde abgestorben und lebendig gemacht worden, um rechtschaffen und heilig zu leben.«* Ein einprägsames Predigtthema für diese Aussage ist: *Du kannst nicht so weiterleben wie vorher, weil du nicht mehr dieselbe Person bist wie vorher.*

In der Diskussion über das Essen von Opferfleisch (1Kor 8) lehrt Paulus die Korinther, zuerst aus Liebe und nicht aus ihren Kenntnissen heraus zu handeln. Ein moderner Prediger fasst das Prinzip vielleicht so zusammen: *Bei verschiedenen Meinungen zu einer offenen moralischen Frage sollte man flexibel und in Liebe handeln.* Der zentrale Punkt beim Gleichnis vom barmherzigen Samariter könnte so formuliert werden: *Nächster ist jeder, dessen Bedürfnisse du selbst bemerkst und du selbst auch stillen kannst.* Die Zusammenfassung von Jakobus 1,1-16 klingt sehr wichtig: *Bei deiner Reaktion auf Leiden geht es um Leben und Tod.* Eine Predigt über Johannes 3 wird vielleicht in den Satz münden: *Sogar die Besten und Klügsten unter uns müssen wiedergeboren werden.*

Die Sprache dieses Predigtthemas sollte ansprechend und herausfordernd zugleich sein, ohne aber sensationell zu wirken. Ist meine Sprache brillant? Gräbt sich das Predigtthema in das Herz meiner Zuhörer ein? Kann ich sie selbst gut in Erinnerung behalten? Ist sie es wert, behalten zu werden? Ist die Sprache geeignet, um moderne Menschen anzusprechen? Obwohl hier der persönliche Geschmack eine große Rolle spielt, ist es für den Prediger wertvoll, sich diese Fragen zu stellen.

Die kurze, inhaltsschwere und prägnante Fassung des Predigtthemas ist einer der schwierigsten Teile der Predigtvorbereitung. Intensive Studien des Bibeltextes und der Zuhörer sind die Voraussetzungen, um hier kreativ zu werden. Wenn der Prediger selbst denkt: »Jetzt ist mir alles sonnenklar«, hat er den Punkt erreicht, wo er eine Botschaft zum Predigen hat.

Worum ging es im vergangenen Kapitel?

Neuformulierung
Drei grundsätzliche Fragen in Bezug auf das Textthema
Predigtthema

Definitionen

Neuformulierung

Eine Aussage wird in anderen Worten wiederholt, um sie deutlicher werden zu lassen oder zu betonen.

Drei grundsätzliche Fragen in Bezug auf das Textthema:

1. Was bedeutet diese Aussage? Forschen nach Erklärung.
2. Ist die Aussage heute noch gültig? Forschen nach der allgemeinen Gültigkeit, Wahrheit.
3. Welche Konsequenzen ergeben sich daraus? Forschen nach Folgerungen und Anwendungen.

Predigtthema

Darstellung einer biblischen Aussage, die einerseits auf der Bibel gegründet, andererseits auf das Verständnis der Zuhörer abgestimmt ist.

Übungen

Bestimmen Sie in den folgenden Beispielen den Gegenstand und die Aussage dazu. Zusammen bilden sie das Textthema. Finden Sie dann heraus, welche Fragen der Text aufwirft: nach der Gültigkeit, Bedeutung oder Anwendung.

1. Der Grund dafür, dass ein alter Hund keine neuen Tricks mehr lernt, ist nicht seine Lernunfähigkeit. Er ist einfach zufrieden mit der Beherrschung seiner alten Kunststückchen und denkt, dass neue Tricks nur etwas für junge Hunde sind. Außerdem ist er damit beschäftigt, die Raten für seine Hundehütte abzuzahlen. (John W. Gardner)

   Gegenstand:

   Aussage:

   Frage, die auftaucht:

2. Die machtvolle Stimme Gottes droht uns Strafe an. Dieselbe Stimme drückt Erbarmen mit denen aus, die zu ihm und auf seinen Weg zurückkehren. Wir sollten ihr mit derselben Intensität und Ehrfurcht zuhören, mit der wir die Kraft eines Wasserfalls beobachten. Wir sollten seine Wahrheit nicht beurteilen oder umarbeiten, sondern auf sie hören, sie aufnehmen, begreifen und uns ihr beugen. (Edith Schaeffer)

   Gegenstand:

   Aussage:

   Frage, die auftaucht:

3. Das beste Golftraining im Winter ist, sich vor einen Spiegel zu stellen. Ein Spiegel, in dem Sie sich ganz sehen können, ist ein sehr brauchbares Übungsgerät. Sie können damit wesentliche Verfeinerungen üben und ihre Schlagbewegungen und Körperhaltungen beobachten. (New York Times)

   Gegenstand:

   Aussage:

   Frage, die auftaucht:

4. Ansteckender als ein Schnupfen und süchtig machender als harte Drogen ist der CB-Funk, der schon die Herzen von mehr als 15 Millionen Amerikanern erobert hat. Wenn diese Entwicklung anhält, wird CB-Funk bald so populär wie Sex sein. Ursprünglich auf Truck-Fahrer, Tagelöhner und andere harte Burschen begrenzt, erreicht der CB-Funk heute die intellektuell angehauchte Bevölkerung.

   Gegenstand:

   Aussage:

   Frage, die auftaucht:

5. Ein chinesischer Junge, der etwas über Jade wissen wollte, ging einmal zu einem weisen, alten Lehrer. Dieser gab ihm ein Stückchen dieses Steins in die Hand mit der Aufforderung, es ganz fest zu halten. Dann sprach er über Philosophie, Männer, Frauen, die Sonne und fast alles, was es sonst noch gibt. Nach einer Stunde ließ er sich den Stein zurückgeben und schickte den Jungen nach Hause. Dieses wiederholte sich wochenlang. Der Junge wurde immer enttäuschter – wann würde er endlich etwas über Jade erfahren? Aber er war zu höflich, um

seinen verehrten Lehrer zu unterbrechen. Eines Tages, als der alte Mann wieder den Stein in die Hand des Jungen legte, rief der Junge sofort: »Das ist kein Jade!«

Gegenstand:

Aussage:

Frage, die auftaucht:

6. Rudolph Fellner erinnert seine Studenten an der Carnegie-Mellon-Universität daran, dass »Melodien nur in deinem Kopf existieren. Was man hört, sind pro Zeiteinheit immer nur einzelne Töne einer Melodie.« Musik ist die Kunst des Aufbaus und der Zusammensetzung von Klängen. Jeder Klang erhält seine Bedeutung durch den vorangegangenen. Sie ist nichts für Leute, die an Gedächtnisschwund leiden. (William Mayer)

   Gegenstand:

   Aussage:

   Frage, die auftaucht:

7. Wenn der Sicherheitsbeamte Frank Wills nicht die Tapetentür im Watergate-Büro bemerkt hätte, die am 17. Juni 1972 unverschlossen war, hätten wir vielleicht nie vom inneren Kreis der Nixon-Administration erfahren, die für uns sehr fremde Moralvorstellungen hatte. Wer kann sagen, wohin der Missbrauch der Macht geführt hätte, wenn dies nicht ans Licht der Öffentlichkeit gekommen wäre? Obwohl man argumentieren kann, dass die grundsätzlichen Regierungsmaßnahmen und Programme im Blick auf Krieg, Frieden oder Wirtschaft sich nicht wesentlich geändert hätten,

wäre die Watergate-Affäre unentdeckt geblieben, andererseits wären wir heute doch Orwells »1984« zweifellos näher. Aber weil dem amerikanischen Volk die Augen geöffnet wurden für den Missbrauch der Macht, zu einer Zeit, in der wir ohnehin sensibilisiert sind für die zentralistische, alles beherrschende und durchdringende Gewalt der Regierung, sind wir doch wohl weiter von »1984« entfernt, als vor zehn oder zwanzig Jahren. (Elliot L. Richardson)

Gegenstand:

Aussage:

Frage, die auftaucht:

8. Die moderne Arbeitswelt hat viele traditionelle Merkmale verloren. Auch dem Spiel erging es so. Spiel ist immer mehr in organisierten Sport übergegangen, und Sport wurde immer mehr zur Arbeit. Mühsame Vorbereitungen (im Sinne von Arbeit) und wirtschaftliche Interessen haben diesen Prozess vorangetrieben. Paradox ist, dass die Sportarten, die ursprünglich Berufszweige waren, z. B. Jagen und Fischen, heute am wenigsten Arbeit erfordern, sondern noch am ehesten als Spiel angesehen werden. (Sport and Society)

Gegenstand:

Aussage:

Frage, die auftaucht:

(Antworten in Anhang 1)

Kapitel 5

Die Kraft eines Zieles

Warum hältst du diese Predigt? Auf diese naheliegende Frage wird oft unsachgemäß geantwortet, z. B.: »Weil ich am Sonntagmorgen um 9.30 Uhr predigen muss.« Oder: »Letzte Woche habe ich über 1. Mose 21 gepredigt, also rede ich diese Woche über 1. Mose 22.« Eine völlig unbestimmte Antwort ist: »Ich halte diese Predigt, weil ich die Menschen zum Nachdenken bringen will.« Solche vagen Ziele führen zu Predigten, die einem hart gewordenen Kuchen gleichen, der zerteilt werden soll – er zerbröselt nach allen Seiten, aber keiner hat etwas Rechtes davon!

Ohne Ziel ist auch die brillanteste Predigt nichts wert. Der Prediger hat keine Ahnung, warum er eigentlich predigt. Stellen wir uns vor, wir würden eine Eishockeymannschaft fragen: »Was ist das Ziel eures Spiels?« Alles Mögliche passiert auf dem Eis – Schlittschuhlaufen, Kampf um den Puck, Austricksen des Gegners, Zusammenspiel, aber das Ziel des Eishockeyspiels ist immer, mehr Tore als der Gegner zu erzielen. Wenn eine Mannschaft das nicht im Kopf hat, spielt sie nur zur Übung. Warum will ich diese Predigt halten? Auch bei einer Predigt geschieht einiges – Erklären, Illustrieren, Ermahnen, Auslegen, Gestikulieren. Aber der Prediger hat das Wesentliche versäumt, wenn ihm nicht klar ist, dass diese Predigt Menschen verändern sollte. A. W. Tozer bemerkt dazu sehr scharfsinnig:

> »Es gibt kaum so etwas Langweiliges und Bedeutungsloses wie eine Predigt, die nur um ihrer selbst willen gehalten wird. Wahrheiten, die mit dem Leben nichts mehr zu tun haben, sind keine Wahrheiten im biblischen Sinne, sondern etwas weit weniger Wichtiges ... Keiner wird zu einem besseren Menschen dadurch, dass er weiß, dass Gott am Anfang Himmel und Erde erschaffen hat. Der Teufel weiß das, auch Ahab und Judas Iskariot wussten das. Keiner wird besser, wenn er weiß, dass Gott die Welt so sehr geliebt hat,

dass er seinen einzigen Sohn gab, der zur Erlösung seiner Schuld gestorben ist. In der Hölle gibt es Millionen, die das wissen. Theologische Wahrheit ist nutzlos, solange sie nicht befolgt wird. Alle Lehre ist darauf ausgerichtet, konkretes Handeln nach sich zu ziehen.«[16]

PHASE 6

Festlegung des Predigtzwecks

Das Ziel drückt aus, welche Veränderungen im Leben der Hörer man als Ergebnis der Predigt erwartet. Es unterscheidet sich von der Grundaussage der Predigt, wie sich ein Pfeil von der Zielscheibe unterscheidet, wie eine Reise vom Studium einer Landkarte oder Kuchenbacken vom Durchlesen eines Rezepts. So wie das Predigtthema die biblische Botschaft zusammenfasst, soll der Predigtzweck angeben, wozu diese Botschaft dienen soll. »Eine Predigt ist nicht wie ein Böller, der abgefeuert wird, nur weil er Krach macht. Sie ist das Gewehr des Jägers. Bei jedem Schuss will er etwas treffen« (Henry W. Beecher). Das setzt natürlich voraus, dass der Jäger weiß, was er jagen will.

Wie legt der Prediger nun seine Ziele fest? Er tut das, indem er die Absicht aufdeckt, die hinter dem Bibeltext steht. Bei der Exegese sollte er sich fragen: »Warum hat der Autor das geschrieben? Welche Auswirkungen erhoffte er sich bei seinen Lesern?« Keiner der biblischen Autoren hat zur Feder gegriffen, nur um »einige angemessene Bemerkungen« zu einem religiösen Thema zu notieren. Jeder hat Auswirkungen im Leben von Menschen zum Ziel gehabt. Als Paulus an Timotheus schrieb, tat er es, »dass du wissest, wie man wandeln soll in dem Hause Gottes, welches ist die Gemeinde des lebendigen Gottes, ein Pfeiler und eine Grundfeste der Wahrheit« (1Tim 3,15).

Judas änderte sein Anliegen, nachdem er begonnen hatte zu schreiben: »Ihr Lieben, nachdem ich ernstlich vorhatte, euch zu schreiben von unser aller Heil, hielt ich es für nötig, euch in meinem Brief zu ermahnen, dass ihr für den Glauben kämpft, der ein für alle Mal den Heiden überliefert ist« (Jud 3). Johannes hat seinen Bericht über das Leben Jesu geschrieben, »damit ihr glaubt, dass Jesus der Christus ist, der Sohn Gottes, und damit ihr durch den Glauben das Leben habt in seinem Namen« (Joh 20,31). Ganze Bücher der Bibel wurden geschrieben, um konkrete Auswirkungen auf das Denken und Handeln der Leser zu zeitigen. Deshalb findet eine bibelorientierte Predigt ihre Zielsetzung in dem biblischen Text selbst. Der Prediger muss zunächst herausfinden, warum der Text geschrieben wurde, und sich dann überlegen, was Gott durch eine Predigt über diesen Text bei den Zuhörern von heute erreichen will.

Das Wort Gottes wurde uns gegeben, »dass der Mensch Gottes vollkommen sei, zu allem guten Werk geschickt« (2Tim 3,17). Daraus folgt für einen Prediger, dass er den Zuhörern sagt, welche guten Werke oder welche Lebensqualitäten sich aus der Predigt ergeben. Wir erreichen dieses Ziel, sagte Paulus zu Timotheus, indem wir (1) lehren, (2) Schuld aufdecken, (3) Fehler korrigieren und (4) Menschen zur Gerechtigkeit erziehen. Lehrer und Erzieher wissen, dass Ziele beobachtbare Verhaltensweisen sind, die aufgrund des Unterrichts oder der Erziehung entstehen sollen. Die Formulierung eines Ziels enthält nicht nur das Ziel selbst und den Weg dorthin, sondern nach Möglichkeit auch einen Vorschlag, wie ich das Erreichen des Ziels überprüfen kann. Wenn wir nicht wissen, wohin wir wollen, dürfen wir uns nicht wundern, wenn wir nirgendwo ankommen (vgl. die Lerntheorien von Robert F. Mager).

Roy B. Zuck hat einige Verben aufgelistet, die sich zur Zielformulierung eignen. Er hat sie in die Bereiche Wissen, Verständnis, Einstellung und Fähigkeit eingeteilt. (Tafel 1)

Obwohl eine Predigt sich erheblich von einer Vorlesung unterscheidet, wird sie doch direkter und wirksamer, wenn man ihr Ziel wie einen Unterrichtsgegenstand formuliert, z.B.:

- Der Zuhörer soll die Rechtfertigung aus dem Glauben verstehen und eine einfache Definition dieser Lehre aufschreiben können. (Dabei ist es nicht so wichtig, ob die Zuhörer die Definition wirklich aufschreiben, wichtig ist, dass die Predigt sie dazu in die Lage versetzt.)

- Der Zuhörer soll die Geistesgaben aufzählen können und seine eigenen Gaben erkannt haben.

- Der Zuhörer soll mindestens einen Namen eines Nichtchristen aufschreiben können und sich entschließen, für diese Person täglich in den nächsten zwei Wochen zu beten. (Wenn er das zwei Wochen lang durchhält, besteht eine größere Chance, dass er es auch einige Monate lang schafft.)

- Meine Zuhörer sollen sich eine moralisch neutrale Situation ausdenken, wo Christen verschiedener Meinung sind. Sie sollen fähig sein, die Situation zu durchdenken und sich zu entscheiden, wie sie persönlich handeln würden.

- Die Zuhörer sollen verstehen, wie Gott sie liebt, und erklären können, welche Sicherheit ihnen diese Liebe gibt.

- Christen sollen erklären können, wie man Christ wird, und sich für die kommende Woche vornehmen, mindestens einem anderen Menschen von Jesus Christus zu erzählen.

- Die Zuhörer sollen davon überzeugt sein, dass es notwendig ist, in der Bibel zu lesen, und sich eventuell zu einem Bibelkurs anmelden.

Tafel 1: Mögliche Verben für die Formulierung eines Predigtzweckes

Ist der Predigtzweck gerichtet auf:	**Wissen**	**Verstehen**	**Einstellung**	**Fähigkeit**
Dann kann das Zeitwort sein:	aufzählen	unterscheiden	entwickeln	anwenden
	angeben	vergleichen	beschließen	sich angewöhnen
	wiederholen	abgrenzen	Vertrauen haben	benutzen
	sich einprägen	gegenüberstellen	überzeugt sein	schaffen, etwas zu tun
	sich erinnern	einteilen	schätzen	regelmäßig ausführen
	aufschreiben	aussuchen	zu würdigen wissen	probieren
	darstellen	wählen	feinfühlig sein für	die Fähigkeit entwickeln
	beantworten	beurteilen	hingegeben sein	etwas vortragen
	wissen	trennen	begeistert sein	erklären
	erkennen	begreifen	wünschen	mitteilen
	nachvollziehen	prüfen	betrachten	helfen bei
	skizzieren	durchdenken	übereinstimmen mit	beten
	bemerken	durchschauen	zufrieden sein mit	studieren
	vertraut sein mit	verstehen	planen	Problem lösen
	sich bewusst werden	entdecken	(sich) entfalten	Erfahrungen machen
	wiedererkennen	kennen		übernehmen
	definieren	erklären		vermitteln
	beschreiben	sich bewusst sein		
	anführen	abschätzen		

Ziele zu formulieren, die messbare Ergebnisse beschreiben, zwingt den Prediger, über die Einstellungen und Verhaltensweisen seiner Zuhörer, die sich ändern sollen, nachzudenken. Dies wiederum hilft ihm, noch konkretere Anwendungsbeispiele zu finden. Denn wenn eine Predigt nichts verändert, muss einiges an ihr geändert werden!

David Smith, ein schottischer Prediger, beschreibt eine Predigt als »Rede, die mit einer Aufforderung endet«. Eine hilfreiche Möglichkeit, den Predigtzweck in die ganze Predigt einfließen zu lassen, besteht darin, noch in der Anfangsphase eine Zusammenfassung mit dem Predigtzweck vor Augen zu schreiben. Wir können die Gedanken dann besser auf den Punkt bringen, wenn wir zu Beginn der Predigtvorbereitung genau wissen, worauf wir hinauswollen.

Worum ging es im vergangenen Kapitel?

Predigtzweck
Messbares Ergebnis

Definitionen

Predigtzweck
Die Erwartung, was sich bei den Zuhörern verändern soll, nachdem sie die Predigt gehört haben.

Messbares Ergebnis
Das Ziel der Predigt soll so formuliert sein, dass es durch sichtbare Verhaltensweisen verwirklicht werden kann.

Kapitel 6

Form und Aufbau der Predigt

Samuel Johnson sagte einmal sehr treffend: »Menschen müssen genauso oft an Bekanntes erinnert werden, wie sie über etwas Neues informiert werden.« Deshalb wollen wir kurz innehalten und den zurückgelegten Weg noch einmal an uns vorüberziehen lassen. Am Anfang einer Predigtvorbereitung steht die Auswahl und das Studium des Bibeltextes. Das Ergebnis ist die Auslegung des Textes. Sie versetzt uns in die Lage, die Kernaussage des Textes in einem Textthema auszudrücken. Damit wird klar, worüber der Autor schreibt und was er darüber aussagt. Danach haben wir das Textthema mit dem Zuhörer von heute in Verbindung gebracht. Dazu dienten die drei Fragen: Was bedeutet diese Aussage? Ist diese Aussage heute noch gültig? Welche Konsequenzen ergeben sich daraus? Aus der Behandlung dieser Fragen hat sich dann die Formulierung des Predigtthemas ergeben. Sie ist die Kernaussage der Predigt und soll dem Zuhörer im Gedächtnis hängen bleiben. Schließlich haben wir den Predigtzweck festgehalten.

An dieser Stelle sollten wir also wissen, worüber und warum wir predigen. Die Frage, die sich nun stellt, ist: Wie kann ich das Ziel erreichen? Welchen Aufbau soll die Predigt haben?

PHASE 7

Denke darüber nach, wie das Predigtthema am besten entfaltet wird, um den Predigtzweck zu erreichen!

Genau wie jede Aussage erklärt, geprüft oder angewendet werden muss, ist es auch nötig, die Kernaussage einer Predigt, also das Predigtthema, zu erklären, zu prüfen oder anzuwenden.

Erklärung einer Aussage

Manchmal muss das Predigtthema erklärt werden, z. B. wenn es um Lehren geht. Eine Tatsache, die ausreichend erklärt wird, kann auch umgesetzt werden. Wenn ein Auto z. B. zum Stehen kommt, weil ein Reifen geplatzt ist, muss das Rad gewechselt werden. Wenn du aber nicht weißt, wie man ein Rad wechselt, brauchst du eine Anleitung dazu. Nun, da stehst du am Straßenrand vor deinem platten Reifen und liest oder hörst aufmerksam die Anweisung zum Radwechseln. Hast du nun die Erklärung verstanden, bist du vermutlich motiviert, die Schrauben zu lösen, das Auto hochzukriegen und das Rad auszuwechseln. Das Beispiel veranschaulicht, dass die hilfreiche, deutliche Erklärung eines Bibelabschnitts für die Zuhörer oft der wichtigste Beitrag einer Predigt ist.

Eine alte Predigtregel, die noch immer beachtet werden sollte, lautet: »Sage, was du sagen *willst;* dann *sage,* was du sagen willst, und abschließend sage, was du sagen *wolltest.*« In der Einleitung stellen wir das Predigtthema vor, im Hauptteil der Predigt wird es entfaltet, analysiert und erklärt und zum Abschluss wird es nochmals wiederholt. Durch einen solchen Aufbau gewinnt eine Predigt bestimmt mehr an Klarheit, als was sie dadurch an Spannung verlieren könnte.

Alexander MacLaren gibt uns dazu ein Beispiel in einer Predigt über Kolosser 1,15-18: »Er ist das Ebenbild des unsichtbaren Gottes, der Erstgeborene vor aller Schöpfung. Denn in ihm ist alles geschaffen, was im Himmel und auf Erden ist, das Sichtbare und das Unsichtbare, es seien Throne oder Herrschaften oder Reiche oder Gewalten; es ist alles durch ihn und zu ihm geschaffen. Und er ist vor allem und es besteht alles in ihm. Und er ist das Haupt des Leibes, nämlich der Gemeinde; er ist der Anfang, der Erstgeborene von den Toten, damit er in allem der Erste sei.«

In der Predigt sagt MacLaren: »Mein Bestreben ist nicht so sehr, die Worte des Paulus auf Wahrheit zu prüfen, sondern sie zu erklären und sie eindringlich zu machen.« Sein Thema ist, *warum Jesus Christus der Höchste* über *allen Kreaturen und Dingen ist,* und die Erläuterung beschäftigt sich mit *Jesu Beziehung zu Gott, zur Schöpfung und zur Gemeinde.* Indem er diese Gedanken erklärt, motiviert MacLaren seine Zuhörer, Christus an die erste Stelle ihres Lebens zu setzen.

Wie geht er dabei vor?

Zunächst nennt er die Kernaussage zwei Mal in der Einleitung. »Christus überbrückt die Kluft zwischen Gott und Mensch. Es sind keine schattenhaften Wesen nötig, um Himmel und Erde zu überbrücken. Jesus Christus verbindet Himmel und Erde. Er ist Kopf und Quelle des Lebens für seine Gemeinde. Deshalb sollte er der Erste sein, dem man zuhört, den man liebt und verehrt.«

Die gesamte Predigt handelt davon. Im nächsten Abschnitt bringt MacLaren diese Gedanken in abgekürzter Form zum zweiten Mal: »Es gibt hier im Text drei Aussagen über die Beziehungen von Jesus Christus. Es ist die Rede von Christus und Gott, Christus und der Schöpfung, Christus und der Gemeinde. Daraus folgt die triumphierende Ausrufung der Herrlichkeit Christi über allem Geschaffenen.«

Im Hauptteil der Predigt erklärt MacLaren, wie diese Beziehungen aussehen. Anknüpfend an die Einleitung, verläuft die Predigt folgendermaßen (reduziert auf die wichtigsten Aussagen):

I. Die Beziehung von Christus zu Gott besteht darin, dass er »das Ebenbild des unsichtbaren Gottes« ist (Kol 1,15).

   A. Gott selbst ist unbegreiflich und unerreichbar.

   B. Christus ist das perfekte Ebenbild Gottes.

      1. Durch ihn wird der Unsichtbare sichtbar.

      2. Er allein gibt uns die feste Gewissheit, dass er uns in den Schwierigkeiten des Lebens Kraft gibt.

II. Die Beziehung von Christus zur Schöpfung besteht darin, dass er »der Erstgeborene vor aller Schöpfung« ist (Kol 1,15-17).

   A. Christus ist der Vertreter für alle Geschöpfe. Die Ausdrücke, die Paulus benutzt, beschreiben, dass er die erste Existenz ist und der Höchste über allem.

B. Christus unterhält eine Vielzahl von Beziehungen zum Universum. Das wird deutlich durch die verschiedenen Präpositionen, die Paulus verwendet.

III. Die Beziehung von Christus zu seiner Gemeinde besteht darin, dass er »das Haupt des Leibes« ist, »der Anfang, der Erstgeborene von den Toten« (Kol 1,18).

A. So wie am Anfang das Wort Gottes war, durch das die Welt geschaffen wurde, steht Christus am Anfang der Gemeinde. Er ist der »Erstgeborene« von beiden.

B. Als »Haupt des Leibes« ist er die Quelle und der Mittelpunkt des christlichen Lebens.

C. Als der »Anfang« der Gemeinde durch seine Auferstehung, ist er die Macht, durch welche die Gemeinde entstanden ist und sich ausbreiten wird.

Schluss:

»Der Apostel schließt damit, dass Christus in allen Dingen der Erste ist – und alle Dinge existieren, damit er der Erste sein darf. Die Vorherrschaft Christi, ob natürlich oder durch Gnade, ist absolut und überragend ... Deshalb lautet die Frage aller Fragen für uns, was Christus für uns bedeutet. Ist er nur ein Name für uns? ... Glücklich sind wir, wenn wir Jesus die Vorherrschaft über unser Leben geben und wenn unsere Herzen ihn an die erste Stelle setzen, ihm auch das letzte Wort überlassen und ihn in all unserem Tun die Mitte sein lassen.«

In der gesamten Predigt beantwortet MacLaren nur die eine Frage: »Was bedeutet dieser Text?«

Überprüfung einer Behauptung

Manchmal haben Predigten eine andere Form und es geht mehr um die Überprüfung als um die Erklärung des Predigtthemas. In diesen Fällen taucht in der Einleitung eine Behauptung auf, die der Prediger beweisen will. Es geht dann um die Fragen: Ist das heute noch gültig? Warum soll ich das glauben? Weil der Prediger dabei in der Position eines Verteidigers ist, werden die Punkte seiner Predigt zu *Begründungen* und *Beweisen,* um seine Behauptung zu stützen.

Ein Beispiel dazu liefert uns Paulus in 1. Korinther 15,12-19. Dort geht es um die Auferstehung. Paulus behauptet, dass die Korinther nicht an die Auferstehung Jesu glauben können, wenn sie darauf bestehen, *dass es gar keine Auferstehung gibt. Eine Predigt* über *die Verse 12-19 hat die Behauptung zu stützen, dass der christliche Glaube nichts wert ist, wenn Christus nicht von den Toten auferstanden ist.* Der Prediger muss die Zuhörer davon überzeugen, dass die Lehre der Auferstehung im Zentrum des Christentums steht.

Die Gliederung einer solchen Predigt könnte folgendermaßen aussehen:

I. Wenn Christen nicht auferstehen, fehlt dem christlichen Glauben der wesentliche Inhalt (V. 12-14).

   A. Wenn es keine Auferstehung gibt, ist auch Christus nicht auferstanden.

   B. Wenn Christus nicht auferstanden ist, ist das Evangelium eine Täuschung.

   C. Wenn das Evangelium nur eine Täuschung ist, dann hat unser Glaube an das Evangelium keine Grundlage.

(Ein zweiter Grund, warum der christliche Glaube wertlos ist, wenn Christen nicht auferstehen …)

II. Wenn Christen nicht auferstehen, sind die Apostel als Lügner zu verachten (V. 15).

A. Wenn alle Apostel die Auferstehung predigen, obwohl es diese gar nicht gibt, sind sie alle »falsche Zeugen«.

B. Sie sind der schlimmsten Lüge schuldig, wenn sie ein falsches Zeugnis über Gott ablegen, indem sie behaupten, dass er Christus von den Toten auferweckt habe.

(Ein dritter Grund, warum der christliche Glaube ohne Auferstehung wertlos ist, …)

III. Wenn Christen nicht auferstehen, dann ist der christliche Glaube vergeblich (V. 16.17).

A. Wenn die Auferstehung Christi nicht stattgefunden hat – was dann der Fall wäre, wenn es gar keine Auferstehung von den Toten gäbe –, dann hat der Tod Christi auch keine Auswirkungen auf uns.

B. Christen wären dann immer noch in ihren Sünden verhaftet. Ein toter Erlöser ist gar kein Erlöser.

(Ein viertes Argument ist zu bedenken …)

IV. Wenn Christen nicht auferstehen, haben sie keine Hoffnung (V. 18.19).

A. Wenn es keine Auferstehung gibt, dann ist auch Jesus nicht auferstanden, und sein Tod hatte keinen Sinn.

B. Daraus würde folgen, dass tote Heilige wirklich tot und verloren sind.

C. Christen, die in Erwartung des ewigen Lebens für Christus leiden, müssten bemitleidet werden.

Ohne Auferstehung ist ihre Hoffnung nur ein Wunschdenken.

Schluss:

Die Auferstehung von den Toten ist das entscheidende Dogma des Christentums. Wenn es falsch ist, fällt das gesamte System des christlichen Glaubens in sich zusammen, und das Evangelium hätte der Welt nichts anzubieten. Dadurch dass Christus auferstanden ist, haben die Tatsache der Auferstehung und der christliche Glaube eine feste Grundlage.

Beim ersten Hinsehen meint man vielleicht, dass die Erklärung und die Prüfung einer Kernaussage dasselbe sind, weil beide Predigten das Predigtthema in der Einleitung bringen und dann weiterentwickeln. Genauer betrachtet fällt auf, dass sich die Predigten in verschiedene Richtungen weiterentwickeln, um unterschiedlichen Zielen zu dienen.

Anwendung eines Prinzips

Eine dritte Form ergibt sich durch die Frage nach der Anwendung: Wie kann ich das Predigtthema in meinem Leben anwenden? Welche Konsequenzen ergeben sich daraus? Hier bringt der Prediger ein Prinzip entweder in der Einleitung oder im ersten Hauptpunkt zur Sprache, und im Verlauf der Predigt erläutert er die Konsequenzen.

Eine Gliederung einer solchen Predigt kann man aus 1. Petrus 2,11–3,9 gewinnen. In der Einleitung dieser Predigt wird diskutiert, wie Einstellungen unsere Verhaltensweisen beeinflussen können. Dann wird die Frage gestellt: Welche Einstellung sollten wir zu einer Welt haben, die Gott und seine Gnade ablehnt? Das Ziel der Predigt ist, dass Christen eine dienende Haltung in ihren sozialen Beziehungen entwickeln sollen. Das Prinzip, das angewendet werden soll, erscheint im ersten Abschnitt.

I. Wir sollen allen menschlichen Ordnungen um Christi willen untertan sein (Kap. 2,11-12.21-25).

A. Unterordnung macht Gott Ehre (2,11-12).

B. Christus selbst ist ein Beispiel für Unterordnung unter Mächte, die ihm Böses wollten (2,21-25).

1. Er war vollständig ohne Sünde (V. 22).

2. Er blieb still und vertraute sich Gott an (V. 23).

3. Seine Leiden waren die Erlösung für uns (V. 24.25). (Was für einen Unterschied soll dieses Prinzip im täglichen Leben bewirken?)

II. Das Prinzip der unterordnenden Haltung um Christi willen soll uns in unseren sozialen Beziehungen leiten (2,13-20; 3,1-7).

A. Wir sollen uns politischen Herrschern um Christi willen unterordnen (2,13-17).

B. Wir sollen uns um Christi willen unseren Arbeitgebern unterordnen (2,18-20).

C. Wir sollen uns um Christi willen unseren Ehepartnern unterordnen (3,1-7).

1. Frauen sollen einen Geist der Unterordnung gegenüber ihren Männern haben (V. 1-6).

2. Männer sollen einen Geist der Unterordnung gegenüber ihren Frauen haben (V. 7).

Schluss:

»Endlich seid allesamt gleichgesinnt, mitleidig, brüderlich, barmherzig, demütig. Vergeltet nicht Böses mit Bösem oder Scheltwort mit Scheltwort, sondern segnet vielmehr, weil ihr dazu berufen seid, dass ihr den Segen ererbt« (3,8-9).

Erläuterung eines Themas

Eine vierte Predigtform präsentiert nur das Subjekt des Predigtthemas in der Einleitung, nicht aber die Hauptaussage dazu. In den einzelnen Punkten wird das Predigtthema vervollständigt und erläutert. Diese Form ist wahrscheinlich eine der gebräuchlichsten, und viele Prediger, die einfach und ehrlich predigen, benutzen nie eine andere.

In der Hand eines begabten Predigers kann diese Predigtform ein Gefühl von Spannung bis zu einem absoluten Höhepunkt aufbauen. Ein Beispiel dazu gibt uns James S. Stewart in einer Auslegung zu Hebräer 12,22-25. In der Einleitung nennt Stewart sein Thema. Der Schreiber des Hebräerbriefs »sagt fünf Dinge über die Gemeinschaft im Gottesdienst der Gemeinde«. Das Ziel der Predigt ist, »den Reichtum zu erkennen, wenn wir uns zum Gottesdienst versammeln«. Jeder Punkt der Predigt trägt nun dazu bei, dieses Subjekt zu erläutern.

I. Unsere Gemeinschaft ist geistlich: »Sondern ihr seid gekommen zu dem Berg Zion und zu der Stadt des lebendigen Gottes, dem himmlischen Jerusalem« (V. 22). Christen haben direkten Zugang zu dieser geistlichen Welt, welche die einzige wirkliche Realität ist.

II. Unsere Gemeinschaft ist universal: »Ihr seid gekommen zu der Versammlung und Gemeinde der Erstgeborenen, die im Himmel aufgeschrieben sind« (V. 23). Christen gehören der größten Gemeinschaft auf Erden an, der universellen Gemeinde.

III. Unsere Gemeinschaft ist unsterblich: »Ihr seid gekommen zu den vielen tausend Engeln ... und zu den Geistern der vollendeten Gerechten« (V. 22.23). Wenn Christen gemeinsam Gott anbeten, sind ihre geliebten in Christus Verstorbenen ihnen nahe, und es umgibt sie eine Wolke von Zeugen.

IV. Unsere Gemeinschaft ist auf Gott hin ausgerichtet: »Ihr seid gekommen zu Gott, dem Richter über alle, ... und zu dem Mittler des neuen Bundes, Jesus« (V. 23.24). Unsere Anbetung hat damit ihren zentralen Punkt erreicht, sagt uns Stewart. Wir kommen zu Gott als die Erlösten in Jesus Christus.

V. Unsere Gemeinschaft ist erlöst: »Ihr seid gekommen zu dem Blut der Besprengung, das besser redet als Abels Blut« (V. 24). »Wenn unsere Sünden zu Gott nach Bestrafung und Vergeltung schreien, geschieht noch etwas anderes – das Blut Christi ist lauter, überwältigt das laute Geschrei unserer Sünden und bringt es zum Schweigen, und Gott vergibt uns um Christi willen.«

Stewart bringt keine formelle Zusammenfassung seiner Predigt, aber sein letzter Punkt dient dazu, die Predigt zu einem wirkungsvollen Abschluss zu bringen. Bemerkenswert ist, dass jeder einzelne Punkt der Predigt sich auf das Thema, das Subjekt des Predigtthemas, bezieht und nicht auf den vorhergehenden Punkt. So wird das Thema von verschiedenen Seiten beleuchtet.

Erzählen einer Geschichte

Eine Predigt kann das Predigtthema auch dadurch vermitteln, dass der Prediger mit viel Einfühlungsvermögen und Vorstellungskraft eine biblische Geschichte erzählt. Leider wird oft gedacht, dass Geschichten nur etwas für Kinder sind und dass reife Erwachsene die biblischen Prinzipien lieber direkt, ohne Zuckerguss hören wollen. Deshalb verbannen wir Geschichten in die Kindheit oder lesen sie höchstens im Urlaub, um uns die Zeit zu vertreiben.

Das Image, das Geschichten bei uns haben, muss aufgewertet werden, weil wir bei uns und anderen immer wieder beobachten, wie stark uns Erzählungen beeindrucken. Das Fernsehen lebt von Spielfilmen. Einige sind kitschig, einige anrüchig, einige zweifelhaft, einige wertvoll – alle aber sind für die Zuschauer irgendwie attraktiv und beeinflussen deren Grundwerte. Die Zukunft unserer Kultur hat mit den Geschichten zu tun, die sich tief in die Vorstellungswelt dieser Generation und ihrer Kinder eingraben.

Wer die Bibel liebt, muss Geschichten für wertvoll halten, denn die Bibel ist ein Geschichtenbuch. Die ganze Theologie des Alten

Testaments ist in Erzählungen über Männer und Frauen verpackt, die von Gott davonlaufen, um ihre selbst geschaffenen Götzen zu verehren, oder über Menschen, die ihr Leben ganz dem einen wahren Gott anvertrauten. Jesus selbst erzählte auch Geschichten, von denen viele kulturelles Allgemeingut geworden sind. Er war ein solch brillanter Geschichtenerzähler, dass wir die tiefschürfende Theologie in seinen Erzählungen über einen rebellischen Verbrecher und dessen unausstehlichen Bruder, über die gottesfürchtigen Pharisäer, über vergrabene Schätze, über den Geschäftsmann, der eine unerwartete Begegnung mit dem Tod hat, oft gar nicht ohne Weiteres erkennen.

Eine erzählende Predigt sollte jedoch nicht die Einzelheiten einer Geschichte wiedergeben, wie man einen alten, abgedroschenen Witz erzählt, bei dem die Pointe schon bekannt ist. Auch in dieser Predigtform geht es um die Vermittlung einer grundlegenden Aussage, des Predigtthemas. Aber diese Aussage ergibt sich direkt durch die Ereignisse in der Geschichte. Anders ausgedrückt, sollen die Einzelheiten einer Geschichte zu einem zentralen Punkt zusammenlaufen, aus dem dann das Predigtthema entwickelt werden soll. Erzählungen sind dann am wirksamsten, wenn die Zuhörer die Geschichte hören und selbst Schlussfolgerungen ziehen, ohne dass der Prediger sie direkt sagen muss. Der Filmproduzent Stanley Kubrick meint zur Wirkung einer indirekten Aussage:

> »Die wichtigste Aufgabe der Dramaturgie ist, den Zuschauern eine Aussage zu übermitteln, ohne diese direkt zu formulieren. Wenn man etwas direkt sagt, ist es ganz einfach nicht so überzeugend, als wenn die Leute es selbst entdecken.«

Es hängt von der Fähigkeit des Predigers, dem Predigtzweck und den Vorkenntnissen der Zuhörer ab, ob das Predigtthema direkt oder indirekt ausgedrückt werden soll. Auf jeden Fall sollte die Geschichte so entfaltet werden, dass sich die Zuhörer mit den Gedanken, Motiven, Gefühlen und Reaktionen der biblischen Personen identifizieren können und durch diesen Prozess Einsicht in sich selbst gewinnen.

Andere Predigtformen

Eine Predigt kann induktiv, deduktiv oder durch eine Kombination beider Methoden gestaltet werden. In einer deduktiven Predigt wird das Predigtthema in der Einleitung genannt. Der Hauptteil der Predigt beschäftigt sich dann damit, diese Aussage zu erklären, zu prüfen oder anzuwenden (siehe Abb. 1). Die ersten drei Predigtformen dieses Kapitels sind deduktiv. Bei einer induktiven Vorgehensweise wird in der Einleitung nur der erste Punkt der Predigt abgehandelt. Danach baut sich jeder weitere Punkt mit einem kräftigen Übergang auf dem Vorangegangenen auf, bis dann in der Schlussfolgerung das Predigtthema formuliert wird (siehe Abb. 1). Eine induktive Predigt ergibt sich auch durch eine Reihe von sich verstärkenden Beispielen, die zusammengefasst ein allgemeines Prinzip ergeben.

Induktive Predigten wecken beim Zuhörer die Entdeckerfreude. Sie haben das Gefühl, die Kernaussage der Predigt (das Predigtthema) selbst zu entdecken. Solche Predigtformen sind auch sehr geeignet für indifferente oder feindselige Zuhörer, die nur darauf warten, die Folgerungen des Predigers abzulehnen. Als Petrus seine Pfingstpredigt vor Menschen hielt, die Jesus gekreuzigt hatten, wählte er die induktive Form. Gott benutzte diese Predigt, um 5000 Menschen zum Glauben an Jesus Christus, den Herrn und Erlöser, zu führen.

Eine Predigt kann auch durch eine Kombination von Induktion und Deduktion aufgebaut werden. Einleitung und erster Hauptpunkt führen dabei zum Predigtthema, das im weiteren Verlauf deduktiv erklärt, geprüft oder angewendet wird (siehe Abb. 1).

Eine Variation der induktiv-deduktiven Form ist die Untersuchung eines Problems. Diese persönliche oder ethische Frage wird in der Einleitung oder im ersten Hauptpunkt genannt, die Ursache wird erforscht und möglicherweise werden auch unangemessene Lösungswege diskutiert. Der zweite Hauptpunkt beinhaltet dann den Vorschlag eines biblischen Prinzips zu dieser Frage, der in der restlichen Predigt erklärt, verteidigt oder angewendet wird. Solche Predigten können sich auch mit normalen Lebenssituationen auseinandersetzen. Die Einleitung handelt dabei von einer Frage, einem Problem oder einer Erfahrung, die aus dem Leben gegriffen wurde und jeden angeht, wie z. B.

Depression oder Leid. Danach wird erläutert, dass dieser spezielle Fall auf eine allgemeine theologische Fragestellung zurückzuführen ist. Den Schluss bildet eine positive biblische Lösung, als Predigtthema formuliert, die direkt anwendbar ist. Diese Predigten bilden Brücken zwischen persönlichen Problemen auf der einen Seite und biblischen Aussagen auf der anderen Seite.

Predigten können viele Formen haben, wobei die hier genannten nur Vorschläge und kein Zwang sein sollen und keinesfalls alle Möglichkeiten ausschöpfen. Das Predigtthema und der Predigtzweck, den der Prediger verfolgt, sollen ihre eigene, angemessene Form in der Hand des Predigers finden. Um die Form auf ihre Eignung zu testen, sollten zwei Fragen gestellt werden:

1. Vermittelt diese Form das, was der Text ausdrückt?

2. Wird dadurch der Predigtzweck für die Hörer erreicht?

Predigtthema und Predigtzweck sollten durch die Form der Predigt vermittelt werden. Wenn eine Form die Botschaft unterstützt, sollte man sie auf alle Fälle verwenden; wenn sie aber ein Hindernis darstellt, dann sollte man sich eine andere Form überlegen, die dem Predigtthema und dem Zweck des Bibeltextes entspricht.

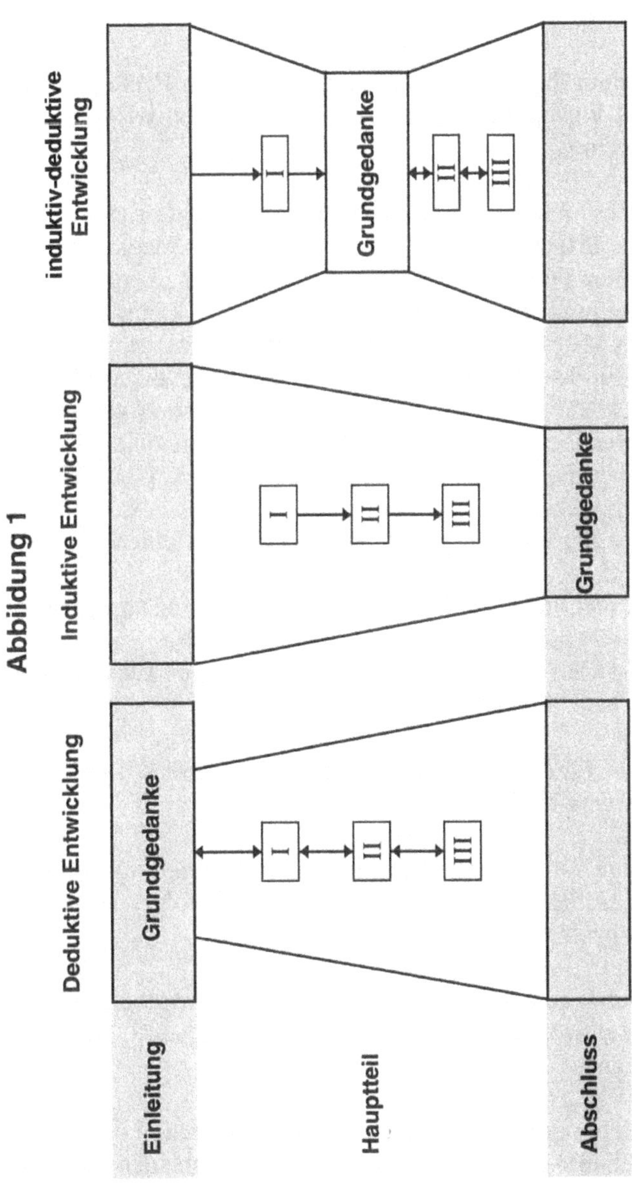
Deduktive Entwicklung
Induktive Entwicklung
induktiv-deduktive Entwicklung
Einleitung
Hauptteil
Abschluss
Grundgedanke
I
II
III
Grundgedanke
I
II
III
Grundgedanke
I
II
III
Grundgedanke

Abbildung 1

PHASE 8

Nachdem du entschieden hast, wie du das Predigtthema entfaltest, um den Predigtzweck zu erreichen, entwirf eine Predigtgliederung.

Wenn ein Architekt ein Haus entwirft, macht er sich zuerst Gedanken über dessen Funktion (Wie wird das Haus genutzt?) und Aussehen (Wie soll das Haus aussehen?). Er überträgt seine Gedanken in einen Plan, der das Haus in allen Einzelheiten bis hin zu den Materialien wie Stein, Glas, Beton usw. zeigt.

Auch der Prediger muss für seine Predigt einen Plan anfertigen, nachdem er die biblische Wahrheit und die Nöte seiner Zuhörer durchdacht hat. Ein Inhalt kann zwar ohne eine Form existieren, aber die Struktur verhilft einer Predigt zu Übersichtlichkeit, Einheitlichkeit und Ordnung im gedanklichen Fortschritt. Gewiss ist eine klare Gliederung niemals schuld an einer misslungenen Predigt.

Es gibt vier Gründe, die für eine Gliederung sprechen:

1. Sie klärt für den Prediger die Beziehungen zwischen den einzelnen Teilen der Predigt.

2. Der Prediger sieht seine Predigt als Ganzes. Das stärkt sein Bewusstsein für Einheitlichkeit.

3. Eine Gliederung lässt die Hauptgedanken so hervortreten, dass die Zuhörer die logische Reihenfolge nachvollziehen können.

4. Der Prediger erkennt auf einen Blick, wo noch Lücken sind oder wo die Predigt zusätzliche Argumente, Beispiele etc. braucht.

Manchmal muss die Reihenfolge der Aussagen in der Gliederung noch einmal geändert werden. Das ist z. B. dann der Fall, wenn der biblische Autor wegen seiner damaligen Zuhörer bzw. Leser eine induktive Form benutzte, es heute aber angebrachter ist, deduktiv vorzugehen. Predigten über die Briefe des Neuen Testaments sind meistens leichter zu gliedern als Gedichte, Gleichnisse oder Erzählungen. Wenn der Prediger es nicht lernt, flexibel im Aufbau seiner Predigten zu sein, wird er es nicht schaffen, den Sinn einiger Teile der Bibel seinen Zuhörern zu vermitteln. Das Nachwort zu den Sprüchen z. B. ist logisch kaum zu gliedern. Sprüche 31,10-31 enthält eine Beschreibung der Qualitäten einer guten Hausfrau von Aleph bis Tau, was im hebräischen Alphabet dem A bis Z des lateinischen entspricht. Für die hebräischen Zuhörer war solch eine Einteilung gut zu merken, für uns ergibt sie keinen Sinn. Ein Prediger muss heutzutage eine eigene Gliederung zu diesem Text finden.

Gliederungen bestehen gewöhnlich aus Einleitung, Hauptteil und Schluss. Einleitungen (die noch ausführlicher besprochen werden) stellen das Predigtthema oder den ersten Punkt der Ausführungen vor. Der Hauptteil führt das Predigtthema aus, und der Schluss (der auch später noch behandelt wird) fasst das Predigtthema zusammen und beendet die Predigt.

Nicht alle Punkte einer Predigt haben dieselbe Bedeutung. Es gibt wichtige und weniger wichtige Argumente. Die grundlegenden Aussagen bilden die Hauptpunkte und ergeben das Gerüst, um das die anderen Punkte angeordnet werden. Die Hauptpunkte werden mit römischen Ziffern gekennzeichnet, z. B.:

I. Wir sollen Gott loben, weil er uns in Christus erwählt hat (Eph 1,4-6).

II. Wir sollen Gott loben, weil er uns gnädig ist (1,7-12).

III. Wir sollen Gott loben, weil er uns mit dem Heiligen Geist versiegelt hat, bis wir im vollständigen Besitz unserer Erbschaft sind (1,13-14).

Eine Auflistung dieser drei Punkte ergibt noch keine Predigt. Sie müssen ausgeführt und erklärt werden, andere Unterpunkte kommen hinzu. Unterpunkte werden mit Buchstaben bezeichnet.

I. Wir sollen Gott loben, weil er uns in Christus erwählt hat (Eph 1,4-6).

A. Er hat uns erwählt, ehe die Welt erschaffen war (V. 4).

B. Er hat uns erwählt, weil er uns durch Adoption zu seinen Kindern machen will (V. 5).

C. Er hat uns erwählt zum Lob seiner herrlichen Gnade (V. 6).

Diese Unterpunkte verfeinern die Gliederung und machen die Ausführungen klarer und genauer. Es können aber noch weitere Einzelheiten für die Predigt notwendig werden, die durch weitere Untergliederungen in arabischen Ziffern eingefügt werden.

II. Wir sollen Gott loben, weil er uns gnädig ist (1,7-10).

A. Er hat uns unsere Sünden durch Christi Blut vergeben (V. 7).

B. Er hat uns Weisheit gegeben, die Geheimnisse seines Willens zu verstehen (V. 8-10).

1. Sein Wille wird in der Person Jesu Christi deutlich (V. 8-9).

2. Sein Wille zeigt sich dadurch, dass in Christus einst alle Dinge vereint werden (V. 10).

Mit jedem Gliederungsschritt wird der Inhalt der Predigt durchsichtiger. Auch jemand, der den Bibeltext nicht kennt, kann die Gliederung lesen und dabei eine Vorstellung vom Aufbau und der Entfaltung des Textes wie auch der Predigt gewinnen.

Ist eine zusätzliche Untergliederung notwendig, wird sie durch Kleinbuchstaben oder weitere Zeichen angezeigt. Die Gliederung einer Predigt sollte im Vergleich zu einer Dissertation eher einfach und klar sein und nicht zu viele Punkte umfassen. Wenn sie zu kompliziert ist, wird sie nur das Auge beeindrucken, aber die Zuhörer verwirren.

Die Punkte einer Gliederung sollten als ganze Sätze formuliert werden, weil sie vollständige Aussagen sind. Wenn wir nur vage

Worte oder unvollständige Sätze als Gliederungspunkte niederschreiben, kann es passieren, dass uns unsere Gedanken wie ein schlüpfriger Fußball entgleiten. Eine verkürzte Gliederung mag zwar beim eigentlichen Vortrag hilfreich sein, aber sie verfehlt ihren Zweck bei der Predigtvorbereitung.

Die Gliederungspunkte sollten als Aussagen, nicht als Fragen formuliert werden. Durch Fragen lassen sich kaum gedankliche Zusammenhänge aufzeigen, weil sie keine Aussagen sind. Die Punkte einer Gliederung sollten daher Fragen beantworten, nicht aufwerfen. Fragen können dann beim Vortrag benutzt werden, um zu einem neuen Punkt überzuleiten. Sie sollten in Klammern gesetzt werden und können dem neuen Gliederungspunkt vorangehen.

Auch wenn die Predigt gut gegliedert ist, werden die Zuhörer doch hauptsächlich den Inhalt hören und nicht die dahinter stehende Gliederung. Deshalb sind überleitende Fragen so wichtig, weil sie den Zuhörern die Beziehungen zwischen den einzelnen Punkten verdeutlichen und das Mitdenken während der Predigt fördern. Sie vermitteln auch den Eindruck, dass der Prediger vorankommt. Solche Überleitungen können zurückblicken auf bereits Gesagtes, den nächsten Gedankengang kurz aufleuchten lassen, Beziehungen zum Predigtthema herstellen und das Interesse der Zuhörer auf etwas Neues lenken.

Weil klare Überleitungen sich selten intuitiv während des Vortrags ergeben, sollten sie vorher geplant werden. Manchmal werden dabei der vorangegangene und der nachfolgende Gedanke miteinander verbunden: »Unser Gottesdienst ist nicht nur Gemeinschaft mit Gott, sondern auch befreiende Gemeinschaft.« Es ist auch möglich, die Rückschau wegzulassen, wenn der vorhergehende Punkt ausreichend deutlich dargelegt wurde: »Aber der Autor sagt uns noch etwas über unsere Gemeinschaft, nämlich, dass sie befreiend ist.« Überleitungen drücken also implizit oder explizit die logischen oder psychologischen Verbindungen zwischen Einleitung und Hauptteil, zwischen den einzelnen Punkten des Hauptteils und zwischen Hauptteil und Schluss aus. Sie beantworten die Frage: Warum sind diese Punkte in dieser Reihenfolge angeordnet? Einige Überleitungen schaffen dies durch wenige Worte oder einen einzigen Satz. Andere verlangen einen ganzen Abschnitt. Überleitungen sollten ausgeschrieben in die

Gliederung eingefügt werden. Während der Predigt können sie dann ausgeführt und erweitert werden.

Worum ging es im vergangenen Kapitel?

Einige Predigtformen:

- Erklärung einer Aussage
- Überprüfung einer Behauptung
- Anwendung eines Prinzips
- Erläuterung eines Themas
- Erzählen einer Geschichte

Deduktiver Aufbau
Induktiver Aufbau
Gliederung
Überleitung

Definitionen

Erklärung von Aussagen
Das Predigtthema wird in der Einleitung genannt. Die einzelnen Punkte der Predigt erklären diese Aussage.

Überprüfung einer Behauptung
Das Predigtthema wird in der Einleitung genannt. Es ist als Behauptung formuliert, und die Punkte der Predigt überprüfen diese Behauptung.

Anwendung eines Prinzips
Das Predigtthema, das in der Einleitung oder im ersten Hauptpunkt genannt wird, ist als Glaubens- oder Lebensprinzip formuliert. Im weiteren Verlauf der Predigt wird dieses Prinzip auf die Alltagserfahrung übertragen.

Erläuterung eines Themas
Das Thema wird in der Einleitung genannt. Die Hauptpunkte der Predigt erläutern es.

Erzählen einer Geschichte
Eine biblische Geschichte wird so erzählt, dass das Predigtthema deutlich wird.

Deduktiver Aufbau
Das Predigtthema wird in der Einleitung genannt und im Hauptteil erklärt, geprüft und angewendet.

Induktiver Aufbau
Das Predigtthema wird im Schlusspunkt formuliert. Alle vorangegangenen Punkte bauen aufeinander auf und führen zu ihm hin.

Gliederung
Sie zeigt dem Prediger die Beziehung zwischen den einzelnen Aussagen. Er kann auf einen Blick sehen, was Haupt- und Nebenpunkte sind.

Überleitung
Sie zeigt den Zuhörern, dass die Predigt weiter entfaltet wird, und formuliert die logische oder psychologische Verbindung zwischen den einzelnen Punkten der Predigt.

Kapitel 7

Ein Gerippe wird lebendig

Eine Gliederung dient als Gerippe und wird sich in den meisten Predigten nicht ganz verstecken lassen. Wir dürfen es aber nicht nackt zur Schau stellen, sondern sollten es mit ergänzendem Material »bekleiden«. Dieses Material ist wie das Fleisch über dem Skelett oder der Beton über dem Stahlgerüst eines Gebäudes.

PHASE 9

Fülle die Gliederung mit ergänzendem Material, welches die Punkte erklärt, prüft, illustriert oder zur Anwendung bringt.

Zuhörer können mit abstrakten Gedanken meist nicht viel anfangen. Es wurde auch wahrscheinlich noch nie jemand nur durch das Lesen einer Gliederung zum Handeln motiviert. Wenn eine Gliederung nicht ausgeführt wird, geht die Bedeutung der Predigt verloren und die Zuhörer werden nicht von ihr berührt. Im Verlauf der Predigt tauchen für die Zuhörer Fragen auf: »Was will er damit sagen?«, »Welche Gründe hat er für diese Behauptung?«, »Klingt interessant, aber was hat das mit meinem Alltag zu tun?«. Um seine Gedanken auszuführen, zu beweisen, anzuwenden und sie zu veranschaulichen, wird der Prediger ergänzendes Material einsetzen. Einige solcher Möglichkeiten sollen im Folgenden besprochen werden.

Umformulierung

Hierbei wird ein Gedanke »mit anderen Worten« ausgedrückt, damit man erstens mehr Klarheit gewinnt. Denn anders als Leser eines Buches müssen die Zuhörer unmittelbar verstehen können, was gemeint ist, weil sie die Predigt meistens nur einmal hören. Wenn sie etwas nicht verstehen, sollten wir es wiederholen und versuchen, uns dabei für sie klarer auszudrücken.

Zweitens betonen Umformulierungen eine Wahrheit. Was einmal gesagt wird, kann überhört werden, was mehrmals wiederholt wird, setzt sich irgendwann im Gedächtnis fest. Werbefachleute geben Millionen aus, um ihre Produkte immer und immer wieder in Radio, Fernsehen oder Zeitschriften zu bringen. Ein Predigtbeispiel von Peter Marshall mag dies verdeutlichen. Es geht um »die Kunst, Berge zu versetzen«:

> »Ich bin sicher, dass jeder von Ihnen folgende Behauptung kennt: Gebet verändert die Welt. Sie haben es auf Postern gelesen, die Ihre Sonntagsschulräume schmücken. Sie haben es auf Aufklebern und Ansteckern gesehen, in der Bibel gelesen, oft in Predigten gehört.
> Aber glauben Sie das wirklich?
> Glauben Sie wirklich von ganzem Herzen, dass Gebet die Welt verändert? Hat Gebet für Sie wirklich etwas verändert?
> Ihre Einstellung,
> Ihre Situation,
> Ihre Probleme,
> Ihre Ängste?«

Eine Umformulierung ist etwas anderes als eine Wiederholung. Wenn etwas mit denselben Worten noch einmal gesagt wird, handelt es sich um eine Wiederholung. Umformulierungen drücken denselben Sachverhalt in anderen Worten aus. Wiederholungen können in einer Predigt zwar nützlich sein, um ein Hauptthema zu betonen, aber ein geschickter Prediger versteht es, eine wichtige Aussage mehrmals verschieden zu formulieren.

Definition und Erklärung

Definitionen grenzen einen Begriff ein. Sie sagen, was in ihm eingeschlossen und was ausgeschlossen ist. Auch Erklärungen grenzen ein, indem sie aufzeigen, in welcher Beziehung einzelne Gedanken zueinander stehen oder worauf sie hinauslaufen.

Über die Bedeutung des griechischen Begriffs »eros« sagt Earl F. Palmer z. B.:

> »Eros ist Liebe, die verdient werden muss, Liebe, die man uns abgewinnen muss. Es ist nicht die instinktmäßige Liebe, die wir für unsere Eltern oder unsere Kinder, unsere Familie oder unser soziales Umfeld empfinden. Es ist auch nicht die Art von Liebe, die wir zur Wissenschaft oder zur Menschheit haben. Es ist Liebe, die von uns gewonnen wird, weil eine Person, eine Sache oder eine Gelegenheit uns stark anzieht. Die erotische Liebe ist die Liebe zum Schönen, Machtvollen und Starken.«[17]

Definitionen und Erklärungen geben wir auf verschiedene Art und Weise. Normalerweise wird ein Gedanke oder ein Begriff durch *Einordnung in ein allgemeines System* definiert. Dabei muss dann erklärt werden, wie er sich von den anderen Teilen dieses Systems unterscheidet oder wo Ähnlichkeiten vorliegen. Solch eine Zuordnung klärt also Übereinstimmungen und Unterschiede. Palmer sagt in seiner Erläuterung des Begriffs »eros« z. B.: »Eros ist Liebe (übergeordneter Begriff, System), die verdient werden muss, Liebe, die man uns abgewinnen muss (Unterschied zu anderen Formen der Liebe).«

Manchmal erklären und definieren wir etwas durch Synonyme. Sie sind aber nur dann sinnvoll, wenn sie auf die Erfahrungswelt der Zuhörer bauen können und damit helfen, die Bedeutung des Begriffs zu erfassen.

Vergleiche und Gegensätze sind ebenfalls hilfreich, um Begriffe zu erklären und zu entfalten. Palmer benutzt beides, um den Begriff »eros« zu erläutern.

Manche Prediger benutzen Beispiele, um etwas zu erklären. So z. B. Ray C. Stedman: »Was meinen wir eigentlich, wenn wir etwas als ›heilig‹ bezeichnen? Die Bibel nennt sich ›die heilige Schrift‹. Wodurch ist sie heilig? Israel wird ›das heilige Land‹ genannt und Jerusalem ›die heilige Stadt‹. Warum? Alle drei haben etwas Gemeinsames: Sie gehören Gott. Die Bibel ist das Buch Gottes; Israel ist das Land Gottes; Jerusalem ist die Stadt Gottes – sie sind Gottes Eigentum! Deshalb sind sie heilig, weil sie Gott gehören.«

Es wird schwierig, etwas zu erklären, wenn man die Zuhörer nicht kennt. Außerdem: Umso vertrauter ein Prediger mit seinem Thema wird, desto größer wird die Gefahr, dass er die Unwissenheit seiner Zuhörer unterschätzt. Sie leben vielleicht in einer anderen Gedankenwelt. Deshalb kann er nicht davon ausgehen, dass sie ihn sofort verstehen werden. Allerdings, sie unterstützen ihn finanziell, damit er Zeit zum Studium für seine Predigt hat, was sie selbst nicht tun können. Sie haben deshalb ein Recht auf ausführliche, einleuchtende und exakte Erklärungen. Als Regel gilt, dass der Prediger alle wichtigen Begriffe erklärt – in einer Sprache, die die Zuhörer verstehen können. Es ist besser, zu viel als zu wenig zu erklären. Das setzt allerdings voraus, dass der Prediger selbst die Begriffe klar verstanden hat und keine Ungereimtheiten mehr in seinen eigenen Gedanken bestehen. Dann sollte er die Erklärungen schrittweise durcharbeiten, sodass eine logische Reihenfolge entsteht. Dunst, der von der Kanzel ausgeht, führt zu dichtem Nebel bei den Zuhörern.

Sachinformation (Tatsachen)

Sachinformationen enthalten fundierte Beobachtungen, Statistiken, Versuche und andere Daten, die unabhängig vom Prediger z. B. in Lexika, Fachliteratur selbst überprüft werden können. So gibt ein Prediger eine Sachinformation weiter, wenn er sagt: »Griechisch ist eine reiche und differenzierte Sprache, die verschiedene Wörter für Liebe hat. Aber nur zwei dieser Wörter, ›philia‹ und ›eros‹, hatten großen Einfluss auf die griechische Literatur und Philosophie des ersten Jahrhunderts n. Chr.« Der Zuhörer kann diese Aussage überprüfen, indem er die griechischen Wörter für Liebe in einem Lexikon nachschlägt. In einer bibelauslegenden Predigt gehören ferner Beobachtungen am Bibeltext ebenfalls zu den Sachinformationen, weil jeder Zuhörer sie in der Bibel überprüfen kann.

Sachinformationen sollen Tatsachen wiedergeben. Vieles, was als Tatsache genannt wird, ist aber nur eine Meinung. Wenn z. B. ein Prediger sagt: »Es ist eine Tatsache, dass die größte Gefahr für die Moral der Menschheit das Fernsehen ist!«, dann ist das keine Tatsache, sondern eine Meinung. Diese Meinung kann zwar auf

Tatsachen beruhen, aber sie darf nicht mit ihnen gleichgestellt werden. Tatsachen wiederum werden erst lebendig und relevant, wenn sie in Beziehung zueinander gesetzt und Folgerungen aus ihnen gezogen werden. Meinungen, die nicht in dieser Weise auf Tatsachen beruhen, sind wertlos und dumm. Der Prediger sollte deshalb ein profundes Wissen über die Tatsachen haben und deren Gültigkeit überprüft haben. »Jeder Mensch hat das Recht auf seine eigene Meinung, aber keiner hat das Recht, Falsches als Tatsachen weiterzugeben« (Bernard Baruch). Tatsachen unterstützen nicht nur das Verständnis, sondern verschaffen auch dem Prediger Autorität.

Statistiken sind eine besondere Form von Sachinformationen. Sie erlauben es uns, eine Menge Einzelheiten schnell zu überblicken. In einer so an Zahlen orientierten Gesellschaft ist der Appetit auf Statistiken unersättlich, und es gibt kaum etwas, das noch nicht statistisch untersucht ist. Der Glaube an Statistiken wird aber leicht zu einer Fallgrube für arglose Menschen und zu einer guten Gelegenheit für unehrliche Zeitgenossen. Zahlen und Ziffern sind vom Flair der Wahrheit umgeben, auch dann, wenn sie etwas Unbekanntes oder völlig Absurdes messen. Ein klassisches Beispiel dafür ist ein Bericht, nach dem 33,33 % aller Studentinnen der Johns-Hopkins-Universität einen Dozenten geheiratet haben. Die Prozentzahl war exakt. Aber die Johns-Hopkins-Universität hatte damals nur drei weibliche Studenten, von denen eine ihren Dozenten heiratete. Manche Prediger, die unbedingt etwas beweisen wollen, sind anfällig für Statistiken. Ein bekannter Evangelist behauptete: »Ich las vor Kurzem, dass 50 % aller Rockgruppen Teufelsanbetung und Zauberei praktizieren, und ich glaube, dass die Zahl ständig steigt.« Von wem wurde die Statistik gemacht? Welche und wie viele Rockbands wurden befragt? Wann war das?

Wenn in einer Predigt Zahlen benutzt werden, dann sollten sie so einfach wie möglich sein. Dabei sind abgerundete Zahlen leichter zu behalten. Obwohl z. B. die Information, dass 1950 die Einwohnerzahl Chicagos 3.620.962 betrug, beeindruckend ist, werden wir uns die Zahl »etwas über 3 1/2 Millionen« besser merken können. Statistiken können wichtig und interessant werden, wenn sie in den Erfahrungsbereich der Zuhörer gebracht werden. Wenn wir z. B. den Diana-Tempel in Ephesus beschreiben, können wir sagen: »Er war 54 Meter breit, über 112 Meter lang mit Säulen von 18 Metern Höhe«, und hinzufügen: »Er war also länger und breiter als ein Fußballfeld, und die Säulen waren höher als ein fünfstöckiges Haus.« Die Winzigkeit eines Elektrons kann man dadurch begreiflich machen, dass man zuerst die Zahl nennt, die unvorstellbar klein ist, und dann hinzufügt: »Wenn ein Elektron so groß wie ein Apfel wäre und ein Mensch proportional dazu seine Größe verändern könnte, wäre es ihm möglich, das gesamte Sonnensystem in seiner hohlen Hand zu halten, und dennoch bräuchte er ein Vergrößerungsglas, um es zu sehen.«

Zitate

Zitate werden aus zwei Gründen in eine Predigt eingefügt: Um mehr Eindringlichkeit zu verleihen und um etwas mit mehr Autorität zu versehen. Wenn wir bemerken, dass ein anderer eine Aussage sehr treffend formuliert hat, benutzen wir seine Worte. Ein Beispiel dafür ist James S. Stewart, der in der Einleitung zu seiner Predigt über Jesaja 5,30 ein Zitat von Robert Browning bringt: »Von allen Zweifeln, die, wie Browning so treffend sagt, ›an die Tür unserer Seele klopfen und eintreten‹ können, ist der verheerendste der Zweifel an den Absichten Gottes.«

Es gibt viele Möglichkeiten, über Leiden zu predigen. Ein Prediger benutzte in diesem Zusammenhang folgendes bildliche Zitat: »Durch Leiden wird in einem gepanzerten, rebellischen Herzen die Flagge der göttlichen Realität gehisst.«

Die meisten Prediger benutzen Zitate, damit sich ein wichtiger Gedanke tief in das Gedächtnis der Zuhörer eingräbt. Wenn wir Zitate verwenden, ist es um der Ehrlichkeit willen gut, auch die Quelle zu nennen.

Zitate werden auch gebraucht, um etwas zu bestätigen. Der Prediger benutzt dabei das Ansehen und die Autorität, die der Verfasser des Zitats in den Augen der Zuhörer besitzt. Im folgenden Predigtbeispiel geht es um die scheinbare Sinnlosigkeit unseres Einsatzes. Diese Aussichtslosigkeit kann zur Folge haben, dass wir uns vom sozialen Engagement zurückziehen. Der Prediger Ernest T. Campbell sagt: »Erst kürzlich hat mich die Lebensauffassung von Leonard Woolf tief getroffen, der sagte: ›Ich sehe sehr deutlich, dass ich fast nichts erreicht habe. Die

Welt von heute und die Geschehnisse der letzten fünf bis sieben Jahre wären dieselben, wenn ich die ganze Zeit Tischtennis gespielt hätte, anstatt mich in Komitees zu engagieren und Bücher und Memoranden zu verfassen. Deshalb komme ich zu dem deprimierenden Schluss, dass ich in meinem langen Leben zwischen 150.000 und 200.000 Stunden mit sinnloser Arbeit vertan habe.‹«

Wir zitieren andere Menschen auch, weil sie z. B. die Fakten besser kennen und interpretieren können oder weil die Zuhörer ihre Beurteilung eher akzeptieren. Ein Prediger, der die Bibel kennt und die Sündhaftigkeit der Menschen versteht, kann auch für seine skeptischen Zuhörer einen kriminalistischen Untersuchungsbericht zitieren und könnte z. B. die folgenden Sätze aus dem Minnesota Crime Report vorlesen:

> »Kinder kommen als kleine Wilde zur Welt. Sie sind total egoistisch und auf sich selbst bezogen. Sie wollen ihre Bedürfnisse, wenn sie diese äußern, sofort befriedigt haben – Fläschchen, Zuwendung der Mutter, Spielzeug von anderen Kindern. Wenn man ihnen das nicht gibt, reagieren sie mit Wut und Aggressivität, die zerstörerisch wäre, wenn sie die Kraft dazu hätten. Sie machen in die Windeln. Sie haben keine Moral, keine Kenntnisse, keine Fertigkeiten. Das bedeutet, dass alle Kinder, nicht nur ganz bestimmte, geborene Verbrecher sind. Wenn sie in der Ichbezogenheit ihrer Kindheit verhaftet blieben, allen impulsiven Regungen zur Erfüllung ihrer Bedürfnisse freien Lauf lassen dürften, würden aus allen Kindern Kriminelle, Diebe, Mörder und Frauenschänder werden.«

D. M. Baillie zitiert einen Historiker, um zu verdeutlichen, dass auch der Glaube der ersten Christen eine intellektuelle Komponente hatte:

> »Dr. T. R. Glover, ein bekannter Altertumsforscher, sagt, dass ein Grund für die weltweite Ausbreitung des Christentums darin lag, dass die Christen bessere Denkvorstellungen hatten als der Rest der damaligen Welt. Sie wussten nicht nur, wie man besser leben und sterben soll, sondern auch, wie man besser denken soll. Das Christentum hinterfragte

> sozusagen die Welt. Hier ein Auszug: ›Die Christen lasen die besten Bücher, nahmen deren Gedanken in sich auf und führten das freieste intellektuelle Leben, das es je gab. Jesus hat sie dazu befreit, Tatsachen zu erforschen, deshalb gab es keinen Platz für unwissende Christen. Von Anfang an mussten die Christen die Evangelien lesen und imstande sein, den Grund für ihren Glauben zu bezeugen. Sie lasen von Jesus und kannten ihn und wussten, wo sie standen ... Wer waren die Denker des Altertums? Es waren immer wieder die Christen, die die Welt hinterfragten.‹«

Auch Autoritätspersonen müssen ihre Aussagen beweisen. Es gibt einige hilfreiche Fragen, um die Kompetenz eines Experten festzustellen:

1. Ist er durch Erfahrung oder Ausbildung qualifiziert, über dieses Thema mit Autorität zu sprechen?

2. Hat er seine Kenntnisse aus erster Hand erworben?

3. Hat er Vorurteile? Ein voreingenommener Experte wird kein Vertrauen erwecken, weil er mit Begeisterung Beweise für seine Meinung bringt und den Rest übersieht. Spricht aber das, was er sagt, gegen seine Vorurteile, kann es ein großartiges Zeugnis sein. Was z. B. George Bernard Shaw über das Christentum geschrieben hat, beeindruckt besonders, gerade weil er dieser Religion sehr kritisch gegenüberstand.

4. Wie hoch schätzen die Zuhörer seine Aussagen ein? Kennen sie ihn? Respektieren sie ihn? Wenn man eine unbekannte Persönlichkeit als Autorität anführt, muss man den Zuhörern erklären, worin die Kompetenz dieser Person besteht.

Zitate sollten in einer Predigt sparsam benutzt werden, denn eine Predigt ist keine Dissertation! Sie sollten kurz sein, weil längere Zitate oft nicht sofort verstanden werden. Man kann längere Zitate auch zusammenfassen und nur wenige wichtige Sätze daraus wörtlich vorlesen.

Die Wirkung von Zitaten kann durch die Art ihrer Einfügung gesteigert werden. Es ist für die Zuhörer ein großer Unterschied, ob es heißt »Spurgeon sagte«, »Paulus schrieb«, »die Bibel lehrt« oder ob eine lebendigere Formulierung gewählt wird: »Mutig in die Bibel eingefügt ist der Satz ...«, »Paulus spürte genau, dass ...«, »Genau das ist es, was Charles Dickens uns sagen wollte, als er beobachtete ...«, »Man kann die Bedeutung dieser Worte an Vers 10 sehen ...«.

Erzählung

Wenn Menschen etwas erzählen, dann handelt es sich selten um bloße Fakten, sondern mehr um die menschliche Seite. Populäre Zeitschriften machen Themen wie Gesichtspflege und wirtschaftspolitische Umwälzungen in China gleichermaßen interessant, indem sie über die Menschen schreiben, die dabei beteiligt sind.

In einer Predigt können wir von Menschen erzählen, von denen die Bibel berichtet. In fast allen Abschnitten kommen Menschen vor – manchmal lachen, fluchen, beten sie, ein andermal verstecken sie sich, und wir müssen sie suchen. Bei jedem Text haben wir einen Verfasser und einen Leser, und auch hinter Dogmen verbergen sich immer Personen. Gnade wird eben nicht in himmlischen Kühlräumen aufbewahrt, sondern eine Person teilt sie aus und eine andere empfängt sie. Der Heilige Geist kannte den Wert von Erzählungen und hat wohl auch deswegen so viele in die Heilige Schrift eingeführt. Jesus selbst demonstrierte durch seine vielen Gleichnisse den Einfluss von Erzählungen.

Erzählungen liefern für die Predigt einen lebendigen Hintergrund. Man sieht das deutlich bei der Predigt von John Hercus über Psalm 24:

> »David setzte sich gerade hin, räkelte sich und gähnte. Es war ein Routinetag gewesen, an dem er sich mit seinen Musikern, Sängern und dem Ballett beschäftigt hatte. Mit der Partitur und der Choreografie war es gut vorangegangen, und David war mehr als zufrieden. Der Psalm war gelungen – kurz, klar und treffend. Hm-m-m-m ... der Vers ›Wer darf auf des Herrn Berg gehen ... stehen an seiner heiligen

Stätte?‹ Sehr gut! Das ist ein treffender Hintergrund für das Orchester mit den Zimbeln, Trompeten und dem Chor. Und das Ballett wird dieses geistliche Thema gut darstellen können.

Die vier Bedingungen, um in das Heiligtum zu gelangen, waren genau richtig. Kurz, klar, ansprechend. Unschuldige Hände, reines Herz, nicht auf falsche Werte bauen (das meinte er, als er sagte: nicht bedacht auf Lug und Trug) und ohne Betrug oder Hinterlist. Ja, das sind genau die Merkmale eines reifen Menschen.

Unschuldige Hände so wie seine eigenen unschuldigen Hände ... Plötzlich geht ihm eine Erinnerung durch den Kopf. Eine Erinnerung an wiederholte Versuche, eine blutige Angelegenheit von seinen Händen abzuwaschen, die er nicht mehr ungeschehen machen konnte. Wie war das passiert? Oh ja, ... wegen Michal.«

Erzählungen gewinnen an Kraft, wenn die Zeitwörter und Hauptwörter Bilder in unser Gedächtnis malen. Manchmal bringt eine Erzählung, die von einem anderen Gesichtspunkt aus betrachtet wird, wieder Leben und Frische in altbekannte Tatsachen. Was dachte die Ehebrecherin oder die Frau am Brunnen, als sie dem Herrn Jesus zum ersten Mal begegnete? In seinen Briefen lässt Paulus seine Gegner auftreten, um mit ihnen zu diskutieren: »Was haben denn die Juden für einen Vorzug?«, fragt jemand in Römer 3,1. »Die Speise dem Bauch und der Bauch der Speise«, argumentierten damals die Korinther in 1. Korinther 6,12. Was waren das für Leute? Wie haben sie wohl die Diskussion fortgesetzt?

Prediger sollten Dialoge benutzen. Die Erzählungen und Gleichnisse der Evangelien sind voll davon. Worte gehören von Menschen gesprochen, bei Einzelpersonen als Solo oder Selbstgespräch, wie in dem Beispiel von David. Auch Jesus ließ Personen in Gleichnissen Selbstgespräche führen, z. B. den ungetreuen Haushalter (Lk 16,2-7) und den verlorenen Sohn (Lk 15,11-32), der zu sich selbst sagte: »Wie viele Tagelöhner hat mein Vater, die Brot die Fülle haben, und ich verderbe im Hunger!« (V. 17).

Die Erzählung verwendet die Vorstellungskraft, um Glaubenswahrheiten widerzuspiegeln. Die Vorstellungskraft ist die Halbschwester der Interpretation, beide beziehen sich auf den Text.

Die Interpretation eines Textes stützt sich ganz und gar auf den Wortlaut des Textes, während die Vorstellungskraft einen Schritt über die biblischen Tatsachen hinausgeht und trotzdem eng mit ihnen verbunden bleibt.

Illustrationen

Ein berühmter Wissenschaftler gibt folgenden Rat an jeden Redner, der lernen will, einen komplexen Sachverhalt einfach darzustellen. Man nehme ein Kochbuch zur Hand. Dort lassen Rezepte allgemeine Vorstellungen ganz einfach und konkret werden, indem sie sich nur auf das Spezifische beschränken. Das Rezept zu Filet Wellington z. B. lautet: »Gib ein gut abgehangenes Stück Rinderfilet in eine Pfanne, ohne Wasser und ohne Deckel. Das Filet wird im Backofen bei 220 Grad 20 bis 25 Minuten lang geröstet.« Dieser Rat, um einfach und konkret sprechen zu lernen, ist besonders angebracht für Spezialisten, deren weitreichende Kenntnisse sie daran hindern können, wirkungsvoll zu kommunizieren. In diesem Fall lenkt ihre Ausbildung sie von Einzelheiten ab und lässt sie in abstrakten Worten vage bleiben.

Ein Theologe spricht beispielsweise über Hamartologie (Lehre von der Sünde) anstatt über Sünde, weil das abstrakte Wort mehr Bedeutungsmöglichkeiten umfasst. Vor Laien muss der Theologe jedoch lernen, nicht die Abstraktionen zu benutzen, sondern über Morden, Lügen, Stehlen oder Ehebrechen zu reden. Wenn er das nicht kann oder will, wird er nur als Gelehrter gut abschneiden, nicht aber als Prediger. Sören Kierkegaard beklagte sich einmal über den Philosophen Hegel. Er bat ihn um Erklärungen, wie er zu einer bestimmten Straße in Kopenhagen finden könnte. Alles, was Hegel ihm gab, war eine Karte Europas.

Begabte Prediger haben ein Gespür dafür, wann mehr oder weniger Abstraktion hilfreich ist. Damit Einzelheiten Bedeutung für die Zuhörer erlangen, müssen sie auf die höhere Ebene der (abstrakten) allgemeineren Zusammenhänge gestellt werden, während Allgemeineres auf die Ebene des Konkreten heruntergebracht und erklärt werden muss: »Interessante Autoren, informative Redner, sorgfältige Denker und vernünftige Menschen können sich auf allen Abstraktionsstufen bewegen. Sie klettern schnell und anmutig auf geordnete Weise von oben nach unten, von unten nach oben – geschickt, geschmeidig und schön wie Affen an einem Baum« (S. I. Hayakawa).

Eine Methode, um unsere Predigten verständlich zu machen und ganz auf den Boden des Konkreten zu bringen, liegt in der Verwendung von Illustrationen. Gut gewählte und geschickt verwendete Illustrationen dienen zur Umformulierung, zur Erklärung, zur Bestätigung oder um eine Aussage mit dem Leben in Verbindung zu bringen. Um wichtige Aussagen im Gedächtnis festzunageln, müssen sie wiederholt »eingetrichtert« werden. Durch Illustrationen können Wiederholungen der Kernaussagen in eine Predigt eingefügt werden, ohne die Zuhörer zu langweilen. Durch solche Analogien und Anekdoten, die eine Aussage illustrieren, kann das Verstehen gefördert werden. Sie verdeutlichen wie das Bild im Fernsehen, was der Prediger sagen will.

Illustrationen machen die Wahrheit glaubwürdiger. Natürlich sind Beispiele keine logischen Beweise, aber sie haben eine psychologische Wirkung auf die Zuhörer: Argumente in Verbindung mit realen Beispielen werden eher akzeptiert. Wenn man etwa erklären will, dass jedes biblische Prinzip gültig ist, aber nicht alle biblischen Prinzipien gleichermaßen wertvoll sind, kann eine Analogie helfen: Ein Cent und ein Euro können beide echt sein, sie haben aber nicht den gleichen Wert. Deshalb müssen wir zwischen dem Cent- und dem Euro-Prinzip unterscheiden. Solch eine Analogie bekommt dieselbe Zustimmung wie eine Erklärung mit Argumenten.

Illustrationen verbinden die inhaltlichen Aussagen mit der Erfahrung, denn die Zuhörer sollen ja nicht nur Thesen kennenlernen und akzeptieren, sondern auch erfahren, wie sie sich im Leben auswirken. Beispiele stellen uns Wahrheiten »in Aktion« vor Augen. In einer Predigt über 1. Mose 41,51 ging es William E. Sangster um die Kernaussage: »Wir müssen uns ans Vergessen erinnern!« Er beendete seine Predigt mit folgender Anekdote:

> »Es war Weihnachten. Einer meiner Gäste, der einige Tage früher gekommen war, beobachtete mich bei der Erledigung meiner letzten Weihnachtspost. Er war überrascht, dabei einen bestimmten Namen zu sehen. ›Du willst dem doch wohl keine Karte schicken?‹, rief er aus.

›Warum nicht?‹ fragte ich.

›Aber weißt du denn nicht mehr?‹, meinte er. ›Damals, vor achtzehn Monaten ...‹

Da erinnerte ich mich wieder an den Vorfall, aber auch daran, dass ich dem Mann mit Gottes Hilfe vergeben und mich entschlossen hatte, die Angelegenheit zu vergessen. Und Gott hatte mich vergessen lassen! Ich schickte die Karte ab.«

Illustrationen haben noch weitere Funktionen: Sie fördern das Behalten, wühlen Gefühle auf, rufen Bedürfnisse wach, halten die Zuhörer in Spannung und fördern die Kommunikation zwischen dem Redner und seinem Publikum.

Das wichtigste Prinzip für den Gebrauch von Illustrationen heißt: Illustrationen sollen illustrieren. Das Verb »illustrieren« kommt vom lat. *illustrare* und bedeutet »erleuchten, erhellen, erläutern, ausschmücken«. Illustrationen ähneln einer Bühnenbeleuchtung, die eine Szene erhellt und beleuchtet. Wenn die Lichter dem Zuschauer in die Augen scheinen, werden diese geblendet und können nicht mehr sehen, was sie sehen sollten. Eine Geschichte, die nur um ihrer selbst willen erzählt wird, mag nett und unterhaltsam sein, stört aber die eigentliche Aussage. Eine Illustration in einer Predigt ist nur dann dienlich, wenn sie die Aufmerksamkeit auf die Kernaussage lenkt und nicht auf sich. Für Illustrationen ergeben sich folgende *Kriterien:*

Illustrationen sollten *verständlich* sein. Sie erklären Unbekanntes durch Bekanntes. Wenn die Illustrationen selbst erst erklärt werden müssen, sollte man sie nicht einsetzen, denn sonst wird etwas Unbekanntes durch etwas Unbekanntes erklärt. Selbst biblische Beispiele, die eine Aussage illustrieren sollen, können den biblisch ungebildeten Zuhörern von heute so wenig bekannt sein wie die Geschichte Chinas. Wenn sie zur Illustration eines anderen Abschnitts aus der Bibel benutzt werden, ist das nicht sinnvoll. Der Prediger muss sich Zeit nehmen, um seine Zuhörer sorgsam und langsam in eine biblische Geschichte hineinzuführen, damit die dort erzählten Begebenheiten wirklich nachempfunden werden können. Die wirksamsten Illustrationen sind die, mit denen der Zuhörer am besten vertraut ist, z. B. Geschichten von Kindern, Tieren oder alltäglichen Situationen.

Illustrationen sollten *überzeugend* wirken, und der Prediger sollte sich seiner Sache sicher sein. Eine ungenaue Geschichte mag zwar einen Gedanken illustrieren, aber sie wird die Glaubwürdigkeit des Predigers untergraben, wenn die Zuhörer diese Unwahrheit bemerken. Die Illustration sollte auch nicht gegen den gesunden Menschenverstand der Zuhörer verstoßen. Zwar klingt manchmal die Wahrheit seltsamer als etwas frei Erfundenes, aber unglaubwürdige Anekdoten lassen die Zuhörer vermuten, dass der Prediger etwas merkwürdig ist. Deshalb ist es gut, eine weit hergeholte Geschichte als solche anzukündigen und sie dann zu begründen.

Manchmal könnte man den Eindruck bekommen, dass Predigerkinder nur in Illustrationen reden. Wenn der Prediger zu oft solche Illustrationen verwendet, könnten skeptische Zuhörer zu der Ansicht verleitet werden, dass er nicht immer die Wahrheit spricht. Es ist natürlich auch verführerisch, eine Geschichte so zu erzählen, als ob sie einem selbst passiert wäre. Erstens wird Gott alle Methoden der Verkündigung beurteilen und zweitens kann Gottes Wahrheit nicht durch unsere Unwahrheiten unterstützt werden. Sollten unsere Zuhörer den Verdacht schöpfen, dass wir lügen, um einen Zweck zu erreichen, haben sie auch Grund zu glauben, dass wir lügen, damit sie sich bekehren.

Illustrationen sollten zum Thema der Predigt und *zum Publikum passen*. Es gibt durchaus Themen, zu denen keine Illustrationen gehören. Ein Prediger, der z. B. die Allgegenwart Gottes hervorheben wollte, versuchte das mit den Worten: »Gott ist sogar im Abfalleimer!« Das mag zwar richtig sein, ist aber völlig unpassend. Es gibt Illustrationen, die für die eine Zuhörerschaft passend ist, für die andere hingegen nicht.

Illustrationen sollten *spannend* erzählt werden. Ein Bildhauer wurde einmal gefragt, wie er die Statue eines Löwen geschaffen habe, ohne ein Modell zu haben. Er erklärte: »Ich haute einfach das vom Stein weg, was nicht wie ein Löwe aussah.« Das ist auch ein guter Rat für Prediger. Er sollte überflüssige Details weglassen, die für die Pointe nicht nötig sind. Erzählende Illustrationen sollten Dialoge und direkte Fragen beinhalten und nicht einfach in indirekter Rede nacherzählt werden. Die Erzählung sollte so spannend wie möglich sein, sodass die Zuhörer richtig mitgehen und die Pointe nicht nur verstehen, sondern auch erleben.

Gute Illustrationen sind überall zu finden. *Persönliche Erlebnisse* sind eine besonders reichhaltige Quelle. Das menschliche Leben ist oft wie ein Zirkus, man muss nur richtig hinschauen. Manche Prediger finden mehr Material bei Spaziergängen in der Nachbarschaft als andere bei ihren Weltreisen. Der Unterschied liegt nicht in dem, was wir erleben, sondern in dem, was wir bei unseren Erfahrungen lernen und beobachten. Wenn wir etwas erkennen wollen, müssen wir gut beobachten. Die Welt kann Gottes Bilderbuch sein, wenn wir lernen, in gewöhnlichen Ereignissen Analogien und Anwendungen zu geistlichen Wahrheiten zu sehen.

Persönliche Illustrationen bringen Wärme und Lebendigkeit in eine Predigt hinein, wenn man die folgenden Regeln beachtet:

1. Die Illustration sollte wahr sein. Sie sollte auch maßvoll sein. Zuhörer mögen es nämlich nicht so gern, wenn der Prediger regelmäßig als Held auftaucht. Wir reagieren meistens negativ auf einen Redner, der dauernd herausstreicht, wie klug, humorvoll oder geistlich er ist. Bei vielen Erfahrungen sind wir weder Sieger noch Verlierer, und wir können sie deshalb bescheiden und mit großem Gewinn vortragen.

2. Eine persönliche Illustration sollte nicht entschuldigt werden. Indem ein Prediger sagt: »Wenn Sie ein persönliches Beispiel entschuldigen ...«, lenkt er die Aufmerksamkeit auf etwas, was gar nicht bemerkt werden sollte. Wenn ein Beispiel zu benutzen ist, braucht man es nicht zu entschuldigen. Wenn ein Beispiel nicht benutzt werden sollte, kann eine Entschuldigung auch nicht helfen.

3. Eine dritte Regel für den Gebrauch persönlicher Illustration besteht darin, dass wir das Vertrauen, das die Zuhörer zu uns haben, nicht zerstören. Sie haben es nicht gern, wenn sie, ohne es zu wollen, Teil der Predigt werden. Sogar wenn klar ist, dass durch das Erzählen eines persönlichen Erlebnisses niemand verletzt wird, muss man die daran beteiligten Personen um Erlaubnis bitten. Selbst wenn man meint, etwas Schmeichelhaftes zu erzählen, könnten die betreffenden Personen etwas gegen die öffentliche Erwähnung haben.

Auch durch *Lesen* erhält man viele Ideen zu Illustrationen. Aber nur wenige Prediger können es sich leisten, beim Lesen Illustrationen für ihre Predigten zu sammeln, ohne sie niederzuschreiben. Kinderreime, Comics, Illustrierte, Zeitungen, Romane und die Geschichte bieten viel Quellenmaterial. Gedruckte Predigten von begabten Predigern enthalten oft Illustrationen, die wertvoller sind als manches Beispiel aus einem Zitatenlexikon, weil sie schon im Zusammenhang mit der Predigt stehen.

Den meisten Predigern fallen Illustrationen dann ein, wenn sie an der Predigt arbeiten. Sie sollten sich die Pointe aufschreiben und prüfen, ob sie auch wirklich das treffen, was illustriert werden soll. Die Fähigkeit, passende Analogien und treffende Anwendungen zu finden, wächst mit der Übung.

Das meiste Material findet der Prediger zweifellos in seiner eigenen Sammlung. Deshalb sollte er sich ein gutes Ordnungssystem dafür anlegen. Denn was er dort für seine Predigt findet, hängt völlig davon ab, was und wie er es hineingetan hat. Es gibt viele Systeme, um die Ergebnisse des Studiums und Lebens zu ordnen. Normalerweise benötigt man zweierlei Karteien. In die eine, großformatige ordnet man Predigtnotizen, Buchauszüge und Kopien so, wie sie sind. Sie kann eingeteilt sein nach Themen oder nach den Büchern der Bibel.

Als Ergänzung sollte ein Prediger ein Karteikartensystem mit kleineren Kärtchen führen. Ein Bereich dieses Systems bezieht sich auf die Bücher der Bibel. Hier notiert man sich auf den Karten Illustrationen, Auslegungsnotizen und Hinweise auf hilfreiche Literatur zu einzelnen Bibelstellen. Ein anderer Teil des Karteikartensystems sollte alphabetisch nach Themen geordnet sein.

Das meiste Predigtmaterial – Anekdoten, Zitate, Gedichte, Notizen zur Auslegung, Analogien, Literaturhinweise – kann auf solchen Karten gesammelt werden.

Jeder Prediger braucht ein System. Jedes System, das ihm hilft, Informationen zu ordnen, ist besser als gar keines. Es sollte aber auch gepflegt werden. Agur, ein Verfasser der Sprüche, rühmt die Ameisen für ihre Klugheit: »Die Ameisen – ein schwaches Volk, dennoch schaffen sie im Sommer ihre Speise« (Spr 30,25). Wohl dem Prediger, der das von ihnen lernt!

Worum ging es im vergangenen Kapitel?

Umformulierung und Wiederholung
Definition und Erklärung
Sachinformation
Zitate
Erzählung
Illustration

Definitionen

Eine *Definition*
setzt fest, was zu einem Gegenstand oder einer allgemeinen Aussage dazugehört und was nicht.

Eine *Erklärung*
setzt Aussagen in Beziehung zueinander und macht deutlich, was sie meinen.

Eine *Sachinformation*
enthält Beobachtungen, Beispiele, Statistiken und andere Daten, die unabhängig vom Prediger überprüft werden können.

Eine *Erzählung*
beschreibt, wer in den biblischen Berichten was wem mit welcher Wirkung getan hat. Erzählungen vermitteln Hintergrundinformationen. Sie erläutern die geschichtlichen Bedingungen, die Rahmenhandlung oder die Personen, die in einer Bibelstelle vorkommen.

Eine *Illustration*
erklärt, veranschaulicht, beweist oder unterstützt Gedanken, indem sie diese mit handgreiflichen Erfahrungen in Verbindung bringt.

Kapitel 8

Anfang mit Pfiff und Ende mit Nachhall

Einleitung und Schluss haben trotz ihrer relativ geringen Länge eine große Bedeutung für die Predigt. Durch die Einleitung bekommt das Publikum einen ersten Eindruck vom Prediger, der die Annahme des Folgenden stark beeinflusst. Wenn er nervös, feindselig oder unvorbereitet erscheint, neigen die Zuhörer dazu, ihn abzulehnen. Wenn er einen munteren, freundlichen und Interesse weckenden Eindruck macht, wird er als fähige Persönlichkeit mit positiver Einstellung zu sich und den Zuhörern angesehen.

PHASE 10

Bereite die Einleitung und den Schluss der Predigt vor.

Die Einleitung

Die Einleitung soll die Zuhörer zur Kernaussage und zu deren Entwicklung hinführen. Die Merkmale einer wirksamen Einleitung erwachsen aus diesem Ziel.

Aufmerksamkeit gewinnen

Die Einleitung sollte die Zuhörer hellwach machen. Wenn der Pastor zum Predigtpult schreitet, sollte er nämlich nicht erwarten, dass seine Zuhörer schon gespannt auf ihren Stühlen sitzen, um seine Predigt zu hören. Sie sind wahrscheinlich etwas gelangweilt und hegen Misstrauen gegen ihn, weil es vielleicht wieder unangenehm sein wird, was er sagt. Ein russisches Sprichwort enthält einen weisen Rat: »Mit Menschen ist es genau wie mit Eseln: Wenn man sie festhalten will, muss man sie bei den Ohren packen.« Die ersten Worte müssen weder dramatisch noch schlicht sein, aber sie müssen so auffällig sein, dass die Zuhörer gezwungen werden zuzuhören. Wenn dem Prediger dies nicht in den ersten 30 Sekunden gelingt, wird es ihm wohl überhaupt nicht gelingen.

Die Möglichkeiten für einen »Knalleffekt« am Anfang sind so vielfältig wie die Kreativität des Predigers. Er kann z. B. mit etwas *Paradoxem* anfangen: »Viele Gotteskinder leben wie Waisenkinder.«

Oder er stellt einen bekannten Gedanken in einen ungewohnten *Zusammenhang:* »›Ehrlichkeit ist die beste List.‹ Wenn einer so etwas sagt, ist er nicht unbedingt ehrlich, sondern er mag einfach nur schlau sein.«

Auch *rhetorische Fragen* ziehen Aufmerksamkeit an sich: »Wenn Gott heute morgen sterben würde, wie lange würden Sie brauchen, um das herauszufinden?«

Eine *erschreckende Tatsache oder Statistik* weckt die Zuhörer ebenfalls auf: »Eine von drei Ehen endet vor dem Scheidungsrichter. Nur eine von sechs Ehen ist glücklich.«

Auch der *Text* selbst kann *spannend gemacht* werden: »Für viele Leute ist das sechste Kapitel des Hebräerbriefes das am meisten verwirrende der ganzen Bibel.« Der Prediger kann auch ziemlich *direkt auf den Bibeltext* zusteuern: »Heute morgen möchte ich die Botschaft eines anderen Predigers vortragen. So stellt sich uns Salomo, der Verfasser des Buches Prediger, vor.«

Die Zuhörer werden auch aufmerksam bei der Aussicht auf eine *interessante Geschichte:* »Mary Watson war Hausfrau, Ende dreißig. Sie schätzte sich als jung und immer noch attraktiv ein, obwohl sie schon fünfzehn Jahre verheiratet und Mutter von drei Kindern war. Innerhalb von nur einem Monat verwandelte sie sich in eine hässliche, alte Frau.«

Ein anderes Mal kann der Prediger *direkt zum Thema* kommen: »Wenn Sie sich Christ nennen wollen, müssen Sie an die Dreieinigkeit glauben.«Die ersten 25 Wörter sind entscheidend für die Aufmerksamkeit, denn sie machen die Zuhörer neugierig auf das, was in den kommenden 30 Minuten folgt.

Probleme ansprechen

Eine wirksame Einleitung spricht Probleme an. Der Prediger muss die unfreiwillige Aufmerksamkeit in eine freiwillige verwandeln, sodass die Menschen zuhören wollen und nicht nur müssen. Lass die Einleitung immer ans Lebendige gehen! Ein Autor der Zeitschrift »Life«, Paul O'Neil, schreibt dazu: »Packe den Leser immer zuerst am Hals, dann drücke deine Daumen an seine Luftröhre und halte ihn so fest bis zur letzten Zeile.«

Der Sozialwissenschaftler Arthur R. Cohen sieht zwei Auswirkungen, wenn hilfreiche Informationen auf persönliche Probleme treffen, die der Zuhörer in seinem Leben empfindet:

1. Es wird ein Lernprozess in Gang gesetzt und

2. Meinungen werden schneller und dauerhafter geändert, als wenn Informationen nicht auf das Leben bezogen werden.

Das bedeutet, dass der Prediger bei der Kontaktaufnahme eine Antwort auf die wichtige Frage haben muss: »Warum bringe ich dieses Thema? Warum sollen sie mir zuhören?«

Bei einer Predigt über 2. Korinther 1,3-11 traf Charles R. Swindoll genau den Punkt, auf den es ankommt:

> »El Tablazo sah so nah aus. Zu nah. Es ging so schnell. Die DC zerschellte an der 14.000 Fuß hohen zerklüfteten Bergspitze. Was übrig blieb vom Avianca-Airline-Flug nach Quito, Ecuador, verbrannte in einer tiefen Schlucht. Einen schrecklichen Augenblick lang wurde der kalte kolumbianische Berg gespenstisch angeleuchtet, dann kehrte die Finsternis zurück. Und die Stille.
>
> Vor dem Abflug kritzelte ein junger Mann aus New York, Glenn Chambers, eilig eine Notiz auf ein Stück Papier, das auf dem Boden des Flughafens herumlag. Das Papier war ein Stück aus einer Zeitungsannonce, die nur aus einem Wort bestand: ›Warum?‹ Weil er es sehr eilig hatte, kritzelte Chambers die Nachricht an seine Mutter um dieses Wort herum. Er faltete das Papier schnell zusammen, stopfte es in einen Briefumschlag und warf es in den Briefkasten.

Weitere Nachrichten sollten später folgen. Mehr über die Erfüllung eines Lebenstraumes, als Missionar nach Ecuador zu gehen. Aber so war es nicht. El Tablazo holte diesen Flug und Chambers' Träume vom Nachthimmel. Der Briefumschlag kam später an als die Nachricht von seinem Tod. Als seine Mutter den Zettel erhielt, sprang ihr sofort diese Frage in die Augen – Warum? Das ist die Frage, die als erste auftaucht und am längsten bleibt.

Warum? Warum ich? Warum jetzt? Warum das Ganze?«

Probleme können direkt angesprochen werden. Die Fragen: »Kann eine berufstätige Frau eine gute Mutter sein? Was meinen Sie? Was sagt die Bibel dazu?« umreißen das Problem in weniger als 20 Worten.

Eine gute Predigt ist wie das Anzünden eines Streichholzes. Wenn das Problem wie ein Streichholz auf die Reibfläche des Wortes Gottes stößt, entsteht ein Funke, der im Kopf der Zuhörer weiterbrennt. In dieser Weise unser Predigen auf die Probleme der Zuhörer auszurichten, ist nicht nur eine Technik für öffentliches Reden, sondern es ist die Hauptaufgabe der Predigt überhaupt! »Wer immer ein Prediger werden will, muss sich in die Probleme der Menschen so lange hineinfühlen, bis es seine Seele tief ergriffen hat« (Leslie J. Tizard).

Probleme und Bedürfnisse haben viele Formen und Gestalten. Gläubige unterscheiden sich von Ungläubigen nicht durch ihre Probleme, sondern durch die Art, wie sie damit umgehen. Abraham H. Maslow, ein bekannter Psychologe, glaubt, dass Bedürfnisse aufeinander aufbauen. Die Motivation unseres Handelns hängt eng zusammen mit der Erfüllung dieser Bedürfnisse. Die grundlegendsten Bedürfnisse sind physischer Natur, sagt er. Sie werden gestillt durch Essen, Trinken, Schlafen, Ausleben der Sexualität. Wenn sie nicht befriedigt werden, beherrschen sie unser Denken und Handeln.

Alle Menschen haben Bedürfnisse in Bezug auf den sozialen Umgang miteinander. Wir sehnen uns nach Anerkennung, Liebe und Zuneigung, Sicherheit, Selbstverwirklichung und Selbstdarstellung. Menschen möchten wissen, dass sie geliebt sind, dass sie Wert haben, dass sie wachsen und sich entwickeln und ihre Fähigkeiten entfalten können.

Menschen wollen auch wissen und verstehen. Maslow behauptet, dass diese Bedürfnisse erst dann richtig zum Handeln motivieren, wenn die physischen und sozialen Bedürfnisse befriedigt worden sind. Die Wissbegierde mag zwar am Anfang der Predigt von Bedeutung sein. Aber ihre Befriedigung wird nicht so starken Einfluss auf das Leben der Zuhörer haben wie die Einsicht, dass Gott unsere Sehnsucht nach Selbstachtung, Sicherheit, Zuneigung und Liebe stillt.

Deshalb sollten die Zuhörer schon ganz am Anfang einer Predigt merken, dass der Prediger zu ihnen und von ihnen redet. Er tut das, indem er eine Frage stellt, ein Problem anspricht oder von einem Bedürfnis redet und damit andeutet, wovon der Bibeltext handelt. Die Anwendung fängt schon in der Einleitung an, nicht erst im Schlussabschnitt. Sogar ein Prediger mit sonst geringen Fähigkeiten wird als begabt angesehen werden, wenn er es schafft, über menschliche Probleme, Verletzungen und Wünsche aus der Sicht der Bibel zu reden. Und, was noch wichtiger ist, durch seine Predigt wird die Gnade Gottes als Lösung für die quälenden Sorgen und Spannungen des täglichen Lebens sichtbar gemacht.

Zum Thema hinführen

Einleitungen sollen auch zum Hauptteil der Predigt hinführen. Auf keinen Fall sollte es so sein, dass nach der Einleitung keiner so recht weiß, worüber der Prediger sprechen will.

Wirksame Einleitungen vermitteln ein Gefühl von Spannung – es ist die Spannung auf das Entscheidende, das die Predigt in ihrem Hauptteil bringt.

Andere Merkmale

Es gibt noch weitere Merkmale einer Einleitung. Eine Predigt sollte nie mit einer Entschuldigung anfangen. Durch eine *Entschuldigung* hofft man vielleicht auf Sympathie, man wird aber bestenfalls Mitleid ernten. Die Zuhörer werden von diesem Prediger nicht überzeugt sein. Wenn man z. B. unvorbereitet ist, sollten das die Zuhörer selbst herausfinden und es kann ja durchaus sein, dass es nicht dazu kommt.

Die Einleitung sollte *kurz* sein. In der Kürze liegt die Würze! Sie muss lang genug sein, um Aufmerksamkeit zu gewinnen, Probleme anzusprechen und das Thema anzureißen. Sie sollte nicht mehr, aber auch nicht weniger als das enthalten. Eine alte Dame sagte einmal über den walisischen Prediger John Owen: »Er hat so lange den Tisch gedeckt, dass ich den Appetit wieder verloren habe!«

Eine Einleitung sollte *nicht mehr versprechen, als nachher auch kommt.* Sonst wirkt es wie eine Kanone, die abgefeuert wird, um eine Erbse zu treffen. Sensationelle Einleitungen zu mittelmäßigen Predigten sind wie gebrochene Versprechen und das Publikum fühlt sich betrogen, weil der Prediger es versäumt, die in der Einleitung angesprochenen Fragen auch wirklich anzugehen.

Während der Einleitung sollte auch der *Bibeltext vorgelesen* werden, auf den sich die Predigt bezieht. Manche Prediger lesen den Text direkt vor der Predigt vor, besonders wenn die Predigt in Form einer Erklärung des Textes abgefasst ist. Wenn der Text aber langweilig und leiernd vorgelesen wird, hören die Zuhörer gar nicht richtig hin und warten nur auf das, was über den Text gesagt wird. Als generelle Regel sollten kurze Textstellen erst nach der Einleitung vorgelesen werden, denn dann haben die Zuhörer schon eine Einstellung zum Text gefunden.

Mit *Humor* sollte man *sorgfältig* umgehen. Lachen ist dann angebracht, wenn es die Aufmerksamkeit auf eine Aussage hin steigert. Wenn es nur unterhält, wird der Rest der Predigt auch nicht ernst genommen. Vor einem neuen Publikum kann Humor helfen, das Eis zu brechen, aber zu viel davon stempelt den Prediger zum Komödianten. Deshalb, wenn man Humor verwendet, sollte er *eine Brücke zwischen den Zuhörern und dem Prediger oder seiner Predigt* darstellen.

Wie ein Prediger *zum Rednerpult geht,* sagt den Zuhörern eine Menge. Wenn er nicht gehetzt, sondern zielstrebig geht, drückt er durch seine Körpersprache aus, dass er etwas Wichtiges zu sagen hat. Bevor er anfängt zu sprechen, sollte er eine kleine Pause machen, um die Aufmerksamkeit auf sich zu lenken. Er sollte mit den Zuhörern zusammen anfangen und dabei die Menschen unbedingt ansehen, nicht seine Notizen oder die Bibel.

Nervosität macht manchmal die Stimme hoch und schrill. Deshalb muss sich der Prediger unter Kontrolle haben und *die ersten Worte mit ruhiger, gesammelter Stimme sprechen*. Man kann die Spannung in der Kehle vermindern, indem man mit geschlossenem Mund gähnt oder die Zunge nach hinten in den Rachen schiebt, während man darauf wartet, seine Predigt zu halten. Tiefes Durchatmen kurz vorher hilft auch, Nervosität abzubauen. Auch eine gezielte Gestik nach den ersten paar Sätzen kann nervöse Energie in positive Körpersprache umsetzen. Das Beste, um Nervosität und Spannung zu vermindern, ist für den Prediger das Wissen, wie er seine Predigt beginnen will.

Es gibt drei Arten von Predigern: diejenigen, denen man nicht zuhören kann; diejenigen, denen man zuhören kann, und diejenigen, denen man zuhören muss. Während der Einleitung entscheiden die Zuhörer, welche Art von Prediger zu ihnen spricht.

Der Schluss

Ein erfahrener Pilot weiß, dass die Landung eines Flugzeugs besondere Konzentration erfordert. Auch ein fähiger Prediger sollte sich bewusst sein, dass ein guter Schluss sorgfältig vorbereitet werden muss. Er sollte sich wie ein Pilot immer im Klaren sein, wo seine Predigt landet.

Tatsächlich kommt dem Schluss eine so große Bedeutung zu, dass viele Prediger ihn zuerst vorbereiten, sodass die Predigt direkt darauf hinsteuert. Doch auch wenn er eine andere Technik bevorzugt, muss der Prediger sorgfältig am Schluss arbeiten, sonst kann die ganze Predigt umsonst sein.

Der Sinn des Schlusses ist, eine Predigt mit Schlussfolgerungen abzuschließen und nicht abzubrechen. Es sollte mehr sein als das Befreien aus einer misslichen Situation: »Gott helfe uns, im Licht dieser großen Wahrheiten zu leben.« Es sollte mehr sein als die Aufforderung zum Gebet, bei dem der Prediger sich wegschleichen kann, weil keiner es sieht. Der Schluss sollte das Gefühl vermitteln, dass die Sache wirklich abgeschlossen und auf den Punkt gebracht worden ist. Wie ein Rechtsanwalt muss auch der Prediger von seinen Zuhörern eine Entscheidung erwarten. Denn die Zuhörer sollten nun das Predigtthema vollständig erfassen können und zum Schluss wissen, wozu Gott sie ruft. Der Schluss soll so zum Entschluss führen. Direkt oder indirekt beantwortet also der Schluss die Frage nach den Konsequenzen des Gesagten. Und der Zuhörer wird dann die Frage bewegen müssen: Bin ich zu diesen Konsequenzen bereit? Paul Whiteman verstand die Anforderungen an Einleitung und Schluss, als er riet: »Wenn du beginnst, starte mit Pfiff; wenn du abschließt, ende mit Nachhall!«

Auch ein Schluss kann verschiedene Formen haben, abhängig von der Predigt, den Zuhörern und dem Prediger selbst. Weil neue Elemente das Predigen interessanter machen, sollte der Prediger auch im Abschluss seiner Predigt variabel sein. Was gibt es für Möglichkeiten, um eine Predigt abzuschließen?

Zusammenfassung

Häufig bringt ein Prediger zum Abschluss eine Rückschau auf die einzelnen Punkte, fasst sie zusammen und verbindet sie mit der Kernaussage der Predigt. Eine Zusammenfassung bindet lose Enden zusammen. Sie sollte nicht zu einer zweiten Predigt werden.

Illustration

Als Zusammenfassung ist oft auch eine Anekdote wirkungsvoll, die veranschaulicht, was das Predigtthema mit dem Leben zu tun hat. Sie muss sich ganz genau auf die Kernaussage beziehen und so deutlich sein, dass nur noch ein oder zwei Sätze anzufügen sind. Noch wirkungsvoller ist es, wenn auch die überflüssig sind.

Peter Marshall beendete z. B. eine Predigt über Jakobus 4,14 mit dieser spannenden Geschichte:

> »Eine alte Legende berichtet von einem Kaufmann aus Bagdad, der eines Tages seinen Diener zum Markt schickte. Der Diener kam schnell zurück, bleich und zitternd, und sagte mit großer Aufregung: ›Auf dem Marktplatz wurde ich in der Menge von einer Frau angerempelt. Als ich mich

umdrehte, bemerkte ich, dass sie der Tod war. Sie schaute mich an und machte eine drohende Handbewegung. Herr, bitte leihe mir dein Pferd, damit ich fliehen kann. Ich will nach Samarra reiten und mich dort verstecken, damit der Tod mich nicht findet.‹

Der Kaufmann lieh ihm das Pferd, und der Diener galoppierte in großer Eile davon. Später ging der Kaufmann ebenfalls zum Marktplatz und sah dort den Tod in der Menge stehen. Er ging zu ihm hin und fragte: ›Warum hast du meinen Diener so erschreckt? Warum hast du eine drohende Geste gemacht?‹

›Das war keine drohende Geste‹, sagte der Tod. ›Es war nur ein Zeichen meiner Überraschung. Ich war erstaunt, ihn in Bagdad zu treffen, weil ich eine Verabredung mit ihm habe heute Abend in Samarra.‹ Jeder von uns hat ein Treffen in Samarra. Aber das ist ein Grund zur Freude – nicht zur Angst, vorausgesetzt, dass wir unser Vertrauen in Jesus gesetzt haben, der allein die Schlüssel zu Leben und Tod in der Hand hält.«

Zitate

Ein gut ausgewähltes *Zitat* fasst zum Schluss das Predigtthema manchmal besser zusammen, als es der Prediger könnte. Es sollte kurz sein und auswendig vorgetragen werden. Einige Zeilen aus einem *Gedicht oder Lied* können die Wahrheit aufregend machen. Wenn ein Lied zitiert und anschließend von der Versammlung *gesungen* wird, verdoppelt sich die Wirkung oft. Auch *ein einziger Satz aus dem Bibeltext* kann den ganzen Abschnitt zusammenfassen oder anwenden. Wenn dieser Satz noch einmal zitiert wird, prägt er sich stark in das Gedächtnis der Zuhörer ein.

Frage

Eine passende Frage oder eine Reihe von Fragen kann eine Predigt ebenfalls wirksam beenden. Beispielsweise kann eine Predigt über den barmherzigen Samariter so enden: »Lassen Sie mich damit zum Schluss kommen, womit ich begann. Lieben Sie Gott? Das ist großartig. Ich freue mich, das zu hören. Aber lieben Sie Ihren Nachbarn? Wie können wir davon überzeugt sein, Gott zu lieben, den wir nicht sehen, wenn wir nicht unsere Brüder und Nachbarn lieben, die wir sehen können?«

Gebet

Ein Gebet ist nur dann ein Schluss, wenn es sich um ein ehrliches Anliegen handelt und nicht um die Gewohnheit, eine Predigt so abzuschließen oder eine indirekte Anwendung zu verkündigen. Der ernsthafte Wunsch, dass Gott in den Herzen der Zuhörer arbeitet, kann natürlich in einem Gebet ausgedrückt werden.

Praktische Anwendung

Ein alter Kinderreim beginnt folgendermaßen:

> Wenn Tommy Snooks und Bessie Brooks spazieren gehen am Sonntag, sagt Tommy Snooks zu Bessie Brooks: Morgen haben wir Montag.

Das ist wahrscheinlich das unterste Niveau eines Gespräches, aber für einen Prediger ist es bedeutsam. Was können die Zuhörer am Montagmorgen noch mit dem anfangen, was sie am Sonntag in der Predigt gehört haben? Ein guter Schluss beantwortet diese Frage. Aber wenn der Prediger diese Frage mit seinen Zuhörern nicht angeht, werden sie möglicherweise nicht imstande sein, sie zu beantworten. Nicht jede Predigt kann mit einer Anwendung enden. Einige Predigten behandeln große Fragen und haben ihr Ziel erreicht, wenn die Zuhörer die Problematik und deren biblische Lösung verstanden haben. Trotzdem werden Predigten besser ins Alltagsleben einbezogen, wenn praktische Anleitung dazu gegeben wird.

Vergegenwärtigung

Im Hochgebirge warnen manchmal Schilder mit der Aufschrift: »Achtung, Steinschlag!« Wenn die Steine herunterfallen, ist es gewöhnlich schon zu spät, ihnen auszuweichen. Nicht alle Aussagen können sofort in die Praxis umgesetzt werden. So bereiten manche Predigten die Menschen auf den unerwarteten »Steinschlag« in der Zukunft vor. Eine Zukunftsvision versetzt die Zuhörer in die Zukunft und malt Situationen aus, in denen sie das Gehörte anwenden können. Sie muss so realistisch sein, dass jeder sich in sie hineinversetzen kann, wie z. B. bei folgendem Schluss: »Ich weiß nicht, ob und wann es Ihnen passiert. Irgendwann werden Sie mitten in der Nacht vom anhaltenden Läuten ihres Telefons wach. Sie nehmen den Hörer ab, und eine Stimme sagt: ›Machen Sie sich auf etwas Schlimmes gefasst – ich habe eine schreckliche Nachricht für Sie.‹ In diesem Moment fallen vielleicht die Dinge, die Sie sich aufgebaut haben, wie ein Kartenhaus in sich zusammen, oder jemand, mit dem Sie verbunden sind, ist tot. Wenn Ihr eigenes Leben in Trümmern liegt, sollten Sie sich an diese unerschütterliche Wahrheit halten: Gott ist zu gütig, um grausam zu sein, und zu weise, um einen Fehler zu machen.«

Es gibt einige generelle Regeln für einen Schluss, egal welche Form er hat. *Neues Predigtmaterial* gehört *nicht* in einen Schluss. Die letzten Momente einer Predigt sollten das bisher Gesagte abschließen und die Zuhörer nicht mit neuen Gedanken beschäftigen. Der Schluss zielt nun auf das *Herz und das Gefühl* der Zuhörer ab.

Wir sollten den Zuhörern nicht sagen, dass wir zum Schluss kommen, wenn es gar nicht der Fall ist. Wörter wie »abschließend« oder »zusammenfassend« versprechen zu oft etwas, was dann nicht eingehalten wird. Deshalb sollten sie sparsam eingesetzt werden. In einer gut vorbereiteten Predigt sollte der Schluss ohne Ankündigung erfolgen.

Ein Schluss muss *nicht lang* sein. Manchmal hat sogar ein abruptes Ende eine eindringliche Wirkung. Ein schlecht vorbereiteter Schluss, wo merklich verzweifelt nach dem Ausgang gesucht wird, hinterlässt oft den Eindruck, dass es keinen Abschluss gibt.

William E. Sangster sagt dazu:

> »Wenn du am Ende angekommen bist, dann höre auch auf. Kreuze nicht herum, um einen Landeplatz zu finden, wie ein müder Schwimmer, der vom Meer hereinkommt, herumplantscht, bis er endlich eine Stelle an der Küste findet, wo er heraus kann. Steuere genau auf diese Stelle zu und steige aus. Beende, was du zu sagen hast, und mach dann gleichzeitig Schluss. Wenn der letzte Satz treffend und einprägsam ist, um so besser, aber tappe nicht danach herum. Deine Predigt sollte die Qualität haben, nach der sich Charles Wesley sein Leben lang gesehnt hat: Die Arbeit und die Lebensbahn sollen gleichzeitig enden.«

Worum ging es im vergangenen Kapitel?

Einleitung
Hauptmerkmale einer wirkungsvollen Einleitung
Schluss

Definitionen

Die *Einleitung*
führt die Zuhörer zum Predigtthema oder zum ersten Punkt der Predigt.

Hauptmerkmale einer wirkungsvollen Einleitung
Sie weckt Aufmerksamkeit für das Thema, spricht Probleme an, lenkt die Zuhörer zum Hauptteil der Predigt.

Der *Schluss*
bringt die Ausführungen zum Predigtthema auf den Punkt, zieht Schlüsse für das Leben der Zuhörer und stellt sie vor die Entscheidung, ob sie das Gehörte in die Tat umsetzen wollen.

Kapitel 9

Die Einkleidung der Gedanken

Der Autor des Buches »Prediger« im Alten Testament wartete bis zum Schluss, bis er seine eigene Qualifikation erwähnte. »Es bleibt noch übrig zu sagen«, sagte er mit deutlicher Offenheit. »Der Prediger war ein Weiser und lehrte auch das Volk gute Lehre, und er erwog und forschte und dichtete viele Sprüche. Er suchte, dass er fände angenehme Worte und schriebe recht die Worte der Wahrheit« (Pred 12,9-10). Dieser Prediger schrieb sein Wissen auf, um es auf gut formulierte Weise weiterzugeben.

Nicht alle Prediger bereiten ihre Predigt schriftlich vor, und wenn, dann auch nicht jede. Aber das Schreiben eines Manuskripts verbessert oftmals das Predigen. Es nimmt der Predigt die Schwammigkeit, ordnet die Gedanken und unterstreicht das Wichtigste. »Formulieren bringt einen genauen Menschen dazu, auch in seinen Gedanken und in seiner Rede genau zu sein« (Francis Bacon).

Besonders der Prediger sollte Wert auf eine exakte Sprache legen, weil er die Inspiration der Bibel als sehr wichtig ansieht. Es ist sehr inkonsequent, wenn man einerseits Wert darauf legt, dass die einzelnen Worte der Bibel göttlich inspiriert sind, andererseits sie mit der eigenen Sprache nur nachlässig weitergibt. Gedanken und Worte können ja nicht voneinander getrennt werden. So wie Farben die Vorstellungen der Künstler ausdrücken, so übertragen und gestalten Worte die Gedanken des Predigers.

Der weise Mensch, der die Sprüche schrieb, vergleicht passende Worte mit »goldenen Äpfeln auf silbernen Schalen« (25,11). »Der Unterschied zwischen den richtigen Worten und den beinahe richtigen Worten ist der gleiche wie zwischen einem Blitz und einem Glühwürmchen«, schrieb Mark Twain.

Warum unterschätzen wir oft die Kraft der Worte? Die meisten Stellen der Bibel, die wir ganz besonders schätzen, sind auch in wunderbarer Sprache formuliert, z. B. Psalm 23, 1. Korinther 13,

Römer 8. Obwohl Paulus die Gabe der Beredsamkeit nicht als wertvoll an sich einstuft, schrieb er seine inspirierten Briefe in inspirierender Sprache. Es mag sein, dass ein Gemälde wie Rembrandts »Christus in Emmaus« uns sprachlos macht. Aber noch niemand, der verallgemeinernd daraus schließt, ein Bild sage mehr als tausend Worte, hat es gewagt, Johannes 3,16 (ein Satz mit 25 Wörtern) in einem Bild darzustellen.

Es gibt wohlklingende Worte, so brillant wie ein tropischer Sonnenaufgang, und es gibt trockene Worte, die so unattraktiv wie ein blutarmes Gesicht sind. Es gibt harte Worte, die zuschlagen wie ein Boxer, und ausdruckslose Worte, die so fad wie Teewasser sind, in das ein Teebeutel nur ganz kurz eingetunkt wurde. Es gibt sanfte Worte, die trösten, und eiskalte Worte, die krank machen. Einige Worte versetzen den Zuhörer, wenn auch nur einen Augenblick, ganz in die Gegenwart Gottes, und andere Worte treiben ihn in die Gosse. Wir leben mit Worten, lieben mit Worten, beten mit Worten und sterben für Worte. Joseph Conrad übertrieb nur wenig, als er erklärte: »Gib mir die richtigen Worte und den richtigen Ton, und ich werde die Welt verändern!« »Aber zum Reden bin ich nicht begabt«, protestierte ein »1-Talent-Diener«, während er seinen Dienst beerdigte. Begabung oder nicht, wir müssen Worte benutzen. Die Frage ist nur, ob wir sie stümperhaft oder gekonnt anwenden. Ein Prediger, der hart daran arbeitet, wird sich durchaus verbessern. Wenn er sich jedoch von vornherein mit C. S. Lewis, Malcolm Muggeridge oder James S. Stewart vergleicht, kann er auch gleich seinen Bankrott erklären. Diese Dichter können aber Vorbilder sein, nach denen man sich ausrichtet. Denn jeder Prediger kann es schaffen, eine Botschaft in klare und verständliche Worte zu fassen.

Unsere Wortwahl wird als Stil bezeichnet. Jeder Prediger hat seinen eigenen Stil: höflich, schwerfällig, lebhaft, genau. Der Stil wird dadurch geprägt, wie wir mit den Worten umgehen. Er zeigt, wie wir denken und wie wir das Leben sehen. Er variiert von Redner zu Redner und von Publikum zu Publikum. Vor Schülern sprechen wir in einem anderen Stil als im Gottesdienst. Die gestelzten Worte von Theologen sind in einem kleinen, persönlichen Hauskreis völlig fehl am Platz.

Obwohl es klare Regeln für das Formulieren gibt, ist eine Predigt kein Aufsatz. Das Manuskript ist nicht das Wichtigste einer

Predigt und sollte nicht stur abgelesen werden. Ablesen tötet eine lebendige Predigt. Auch Auswendiglernen des Manuskripts ist nicht die beste Methode, die Zuhörer zu fesseln. Es macht nicht nur sehr viel Arbeit, besonders wenn man mehrmals die Woche predigt, sondern die Zuhörer merken es auch. Der Prediger sollte am Schreibtisch mit Gedanken und Worten ringen. Das, was er dann aufschreibt, wird er bereits verinnerlicht haben. Er soll dann anhand seiner Gliederung einige Male laut proben, wobei er aber das Manuskript nicht auswendig lernt. Wenn er zum Rednerpult schreitet, hat die geschriebene Predigt bereits an seinem sprachlichen Ausdruck gearbeitet. Er wird sich an das meiste seines Manuskripts erinnern, aber nicht an alles. Während der Predigt werden sich Satzstrukturen ändern und neue Sätze bilden, seine Rede wird sich ganz frei und spontan anhören. Das Manuskript bestimmt also den Stil und die Gedanken einer Predigt mit, aber es diktiert nicht den genauen Wortlaut.

Das Formulieren einer Predigt ist etwas anderes als das Schreiben eines Buches. Ein Prediger muss so schreiben, als würde er mit jemandem reden. Wie in einem Gespräch muss er sich darum bemühen, sofort verstanden zu werden. Ein Autor weiß, dass seine Leser nicht jeden Gedanken sofort verstehen müssen. Der Leser kann jede Seite mit Muße lesen, darüber nachdenken, sich mit den Gedanken auseinandersetzen und so schnell vorangehen, wie er selbst es für richtig hält. Wenn er auf ein unbekanntes Wort stößt, kann er aufstehen und in einem Wörterbuch nachschlagen. Und wenn er den roten Faden verloren hat, kann er noch mal zurückschlagen, um ihn wiederzufinden.

Kurz gesagt, der Leser kann über das Geschehen bestimmen. Ein Zuhörer kann sich nicht den Luxus der gemächlichen Reflexion leisten, er kann nicht noch einmal zurückgehen, um das Gesagte ein zweites Mal zu hören. Wenn er es nicht sofort behält, wird es ihm verloren gehen. Wenn er anhält, um über das Gesagte nachzudenken, wird er das, was gerade vorgetragen wird, überhören. Ein Zuhörer ist dem Prediger ausgeliefert, deshalb muss der Prediger sich so ausdrücken, dass seine Zuhörer ihn sofort verstehen können.

Einige Techniken können dem Prediger helfen, lebhaft zu denken und klar zu sprechen. Einige Prediger beschriften und nummerieren ihr Manuskript genau wie die Gliederung. Dadurch prägen sie sich die Punkte und Unterpunkte besser ein. Weil die Überleitungen zwischen den einzelnen Punkten in der gesprochenen Kommunikation eine wichtige Rolle spielen, nehmen sie viel Raum in einem Manuskript ein. Der Zuhörer hört die Predigt ja nicht als eine Gliederung, sondern als Sätze, die aneinandergereiht sind. Da sind Überleitungen wie Straßenschilder, die anzeigen, an welcher Stelle der Predigt man sich befindet und wie es weitergeht. Die Hauptüberleitungen erinnern die Zuhörer an das Predigtthema und seine Kernaussagen. Sie blicken zurück auf die schon erwähnten Hauptpunkte und zeigen, wie die Punkte zum Predigtthema und zueinander in Beziehung stehen. In dieser Weise leiten sie zum nächsten Punkt über. Das, was Hauptüberleitungen leisten, erklärt, warum sie mitunter einen ganzen Abschnitt und mehr im Manuskript einnehmen können. Kleinere Überleitungen bestehen manchmal aus nur einem Wort (deshalb, daneben, trotzdem, folglich) oder einem Satzteil (ergänzend hierzu, was so viel heißt wie, als Folge davon). Ein Autor mag Überleitungen nur andeuten, aber ein Redner muss sie ausführen. Klare, voll ausgeführte und deutliche Überleitungen sehen auf dem Papier oft plump aus, aber sie gehen während der Predigt leichter von den Lippen und helfen den Zuhörern, die Gedanken des Predigers nachzuvollziehen.

Ein klarer Stil

Welchen Stil sollte ein Prediger entwickeln? Der Stil sollte vor allen Dingen klar sein. Talleyrand bemerkte einmal, dass die Sprache die menschlichen Gedanken verhüllen und nicht enthüllen sollte. Manche gebildeten Leute sprechen wirklich so, als wäre Talleyrand ihr Sprachlehrer gewesen. Sie versuchen, die Zuhörer von der Tiefe ihrer Gedanken durch ihre unklare Sprache zu beeindrucken. Aber eine Predigt ist nicht tiefgehend, weil sie verworren ist. Alle gut durchdachten Punkte können auch einfach und klar formuliert werden. Poincard, der großartige, brillante französische Mathematiker, behauptete: »Man versteht so lange nichts von höherer Mathematik, bis man sie dem Mann auf der Straße verständlich machen kann!« Gleichermaßen hat ein Prediger seinen Bibeltext oder einen theologischen Gedanken erst dann selbst verstanden, wenn er ihn seiner Gemeinde klar und verständlich vortragen kann.

Klarheit hat für einen Prediger moralische Bedeutung, denn eine Predigt kann Menschen zu Gott hin- oder von ihm wegbringen. Darum sind wir um Gottes und der Zuhörer willen zur Klarheit verpflichtet. Helmut Thielicke erinnert uns daran, dass Widerstand nicht dadurch hervorgerufen wird, dass die Leute zu wenig verstehen, sondern dass sie zu gut verstehen und es nicht wahrhaben wollen. Stellen Sie sich vor, auf einer Massenveranstaltung in der Sowjetunion hätte ein Kommunist gegen das Christentum gelästert. Jemand aus der Menge wäre aufgesprungen und hätte gerufen: »Jesus ist der Messias!« Das Publikum wäre aufgeschreckt, und der Zwischenrufer wäre hinausgeworfen worden, weil er die Veranstaltung gestört hätte. Aber was wäre passiert, wenn er gerufen hätte: »Jesus Christus ist Gott! Er ist der einzige Herr. Alle, die dieses System für göttlich halten, werden zur Hölle fahren, an der Spitze die kommunistischen Anführer!« Er hätte riskiert, von der Menge in Stücke gerissen zu werden. Klarheit in der Botschaft bringt die Anstößigkeit des Evangeliums zum Ausdruck. Sie bewirkt aber auch Leben und Hoffnung.

Klare Gliederung

Wie bringen wir Klarheit in unsere Predigt? Klare Manuskripte bauen auf klaren Gliederungen auf. Kommunikation entsteht im Kopf, nicht im Mund. Einige Prediger haben recht sprunghafte Gedanken. Obwohl sie zum Nachdenken anregen, ist ihre Gedankenfolge unlogisch. Ihr Zickzackkurs ist für die Zuhörer tödlich. Nach einer verwirrenden halben Stunde mit einem sprunghaften Prediger ist ein Gespräch mit einem langweiligen Freund eine echte Wohltat.

Eine klare Gliederung legt der Sprunghaftigkeit Zügel an. Sie muss stehen, bevor an Details gearbeitet wird. An der Formulierung einzelner Punkte zu arbeiten, ohne zu wissen, was man sagen will, ist sinnlos. Klare Manuskripte ergeben sich erst durch klare Gliederungen.

Kurze Sätze

Um Klarheit zu gewinnen, müssen die Sätze kurz sein. Rudolf Flesch behauptet in seinem Buch *Die Kunst des klaren Ausdrucks*, dass die Klarheit in dem Maße zunimmt, wie die Satzlänge abnimmt. Nach Flesch hat ein Satz im Durchschnitt 17 oder 18 Worte. Er würde keinen Satz mit mehr als 30 Worten zulassen. Kurze Sätze in einem Predigtmanuskript bewahren den Gedanken vor Verwirrung und helfen dem Prediger, sie besser zu behalten. Während der Predigt denkt er nicht an Satzlängen, Beistriche, Punkte oder Rufzeichen. Wenn er sich verständlich macht, kommen seine Worte in langen, kurzen oder sogar abgehackten Sätzen heraus, unterstrichen durch Pausen und Schwankungen der Stimme, Geschwindigkeit und Lautstärke. Obwohl kurze Sätze im Manuskript sein Gedächtnis unterstützen, so haben sie doch wenig mit seinem mündlichen Vortrag zu tun.

Einfache Satzstrukturen

Die Satzstruktur sollte einfach sein. Als Grundregel für einen klaren Stil gilt: Subjekt, Prädikat und, wenn nötig, Objekt. Grammatikalisch gesprochen sollte man sich zuerst auf die Hauptsätze konzentrieren, bevor man die Nebensätze hinzufügt. (Ein Hauptsatz ist ein vollständiger Satz, ein Nebensatz nicht. Er ist abhängig vom Hauptsatz.) Wenn wir beginnen, einen Satz aufzuschreiben, ohne zu wissen, was wir damit sagen wollen, verlieren wir uns leicht in unwichtigen Details. Zu viele Nebensätze, aneinandergereiht, komplizieren den Satz. Er ist schwer zu verstehen und zu behalten. Der Stil wird klarer, wenn in einem Satz nur ein Gedanke ausgedrückt wird. Zwei Gedanken benötigen zwei Sätze. Arthur Schopenhauer schimpfte einmal: »Es ist frech, jemanden zu unterbrechen, der gerade spricht; aber es ist nicht weniger frech, sich selbst zu unterbrechen.« Komplizierte Sätze haben noch einen weiteren Nachteil. Sie verlangsamen das Tempo der Predigt. Henry Ward Beecher sagt dazu: »Eine Rute mit Blättern surrt nicht.«

Einfache Worte

Zu einem klaren, deutlichen Stil gehören auch einfache Worte. Campbell berichtet von einem Witzbold, der in einem Augenblick der Frustration ausrief: »Jeder Beruf ist eine Verschwörung gegen die Laien.« Jeder Bürger, der sich schon einmal mit seiner Einkommensteuer herumgeschlagen hat, kennt die komplizierten Erklärungen und Vorschriften des Finanzamts. Richter sichern ihren Stand ab, indem sie die Gesetze in schwer verständliche Gesetzbücher verpacken. Wissenschaftler halten sich den kleinen Mann dadurch vom Hals, dass sie Symbole und Formeln benutzen, die nur der Eingeweihte versteht. Theologen und Pastoren bewahren sich anscheinend auch ihre Jobs, indem sie auf eine Sprache zurückgreifen, die für gewöhnliche Sterbliche unverständlich ist. Ein Prediger sollte *keine Fachsprache* benutzen. Sie ist nur nützlich für Spezialisten innerhalb einer Disziplin, um sich untereinander verständigen zu können. Außerhalb des Fachgebiets ist sie unbrauchbar. Da dauert es vielleicht vier bis fünf Jahre, um durch das Studium zu kommen, aber manchmal zehn Jahre, um sprachlich über das Studium hinwegzukommen. Wenn ein Prediger seine Predigt mit Worten wie Eschatologie, Pneumatologie, Exegese, existenziell oder paulinisch würzt, baut er Kommunikationsbarrieren auf. Fachjargon verbindet die Anmaßung »großer Worte« mit der Leblosigkeit von Klischees. Er wird oft mehr gebraucht, um Eindruck zu machen, als um zu informieren.

Man sollte *kurze Worte* benutzen, es sei denn, ein längeres ist absolut notwendig. Josh Billings bricht eine Lanze für Einfachheit und Klarheit, indem er sagt: »Junger Mann, wenn du im Duden nach Worten suchst, die großartig genug sind, um deine Bedeutung zu unterstreichen, dann, glaube mir, ist deine Bedeutung nicht sehr groß.« Lange Worte lähmen sich selbst. Eine Geschichte erzählt, dass einmal ein junger Texter eine Idee für einen Werbetext zu einer neuen Seife hatte: »Die Alkaloide und Fette dieses Produkts sind in der Weise verbunden, dass damit höchste Seifequalität garantiert werden kann. Darüber hinaus ist diese Seife so leicht, dass sie auf dem Wasser schwimmt, sodass der Badende keine Probleme mehr mit dem Fischen nach ihr hat, wenn sie aus seiner Hand gleitet.« Ein erfahrener Werbetexter fasste denselben Gedanken in zwei einfache Worte: »Sie schwebt.«

Egal, wie exakt ein Wort die Meinung des Redners ausdrückt, es ist wertlos, solange die Zuhörer die Bedeutung nicht kennen. »Rede so«, sagte Abraham Lincoln, »dass die einfachen Menschen es verstehen, die anderen haben dann auch keine Probleme damit.« Billy Sunday, ein bekannter Evangelist, hat die Bedeutung der Einfachheit verstanden. Er sagte: »Ein Mann nahm sich ein Stück Fleisch, kostete davon und verzog angewidert sein Gesicht. Sein kleiner Sohn fragte ihn: ›Was ist damit, Vati?‹ Er antwortete: ›Dieses Fleisch hier befindet sich im Prozess der Zersetzung in seine chemischen Bestandteile.‹ Der Junge verstand nichts. Wenn sein Vater gesagt hätte: ›Es ist verfault!‹, hätte der Junge verstanden und seine Nase zugehalten. ›Verfault‹ ist ein gebräuchliches deutsches Wort, das man nicht im Wörterbuch nachschlagen muss, um seine Bedeutung zu erfassen.«

Das bedeutet nicht, dass der Prediger seine Zuhörer wie Minderbegabte behandeln soll. Seine Faustregel sollte sein: Überschätze nicht den Sprachschatz der Zuhörer und unterschätze nicht ihre Intelligenz!

Ein direkter und persönlicher Stil

Ein zweites Hauptmerkmal des Stils ist Direktheit und Personenbezogenheit. Während sich Geschriebenes an die richtet, die es interessieren mag, wendet sich eine Predigt an die Männer und Frauen, die sich am 15. Juli um 9.30 Uhr bei Regen in der Gemeinde von Y einfinden. Der Autor und sein Leser sind weit voneinander entfernt und haben keine Beziehung zueinander. Der Prediger spricht von Angesicht zu Angesicht mit seinen Zuhörern und kennt sie mit Namen. Während geschriebene Sprache die Ergebnisse des Denkens vermittelt, repräsentiert gesprochene Sprache die Spontaneität der Gedanken. Deshalb ist eine Predigt kein Vorlesen einer Dissertation. Sie sollte *wie ein Gespräch* klingen, bei dem der Prediger mit seinen Zuhörern redet. Beide haben dann das Gefühl, verbunden zu sein.

Predigten sollten sich direkt an die Zuhörer wenden. Ein Autor kann sagen: »Ein Christ muss vorsichtig sein, wie er im Gespräch über andere redet.« Ein Prediger müsste das viel direkter ausdrücken: »Sie müssen aufpassen, wie Sie über andere reden.«

Der Gebrauch des *Personalpronomens* »Sie« oder »Du« gibt das Gefühl von Direktheit. Manchmal benutzt der Prediger auch das Wort »Wir«, weil er dann sich selbst und die Zuhörer meint. Das »Wir« in der direkten Anrede steht im Gegensatz zum geschriebenen »Wir«, das anstelle des Fürwortes »ich« stcht. Das geschriebene »Wir« klingt, als würde der Prediger für ein Komitee sprechen. Das gesprochene »Wir«, genauso wie das »Wir« einer guten Unterhaltung, bedeutet du und ich gemeinsam.

Ein Redner kann *Fragen* verwenden. Sie fordern die Zuhörer auf, selbst darüber nachzudenken, was der Prediger als nächstes sagen wird. Sie können auch zu einer Reaktion auf bereits Gesagtes auffordern und werden oft im Predigtschluss benutzt. Fragen zeigen am deutlichsten, dass die Zuhörer direkt angesprochen sind.

Eine lässige Umgangssprache ruft verschiedene Reaktionen hervor. Wenn sie überlegt eingesetzt wird, fördert sie die Aufmerksamkeit und vermittelt ein Gefühl von Zwanglosigkeit. Bei gedankenlosem Gebrauch klingt Slang banal oder sogar ordinär und verrät den Prediger als schlampigen Denker. Persönliches, direktes Reden ist nicht dasselbe wie schlampige Sprache oder schlechtes Deutsch. Die Sprache einer guten Predigt sollte die Sprache eines guten Gesprächs sein.

Ein lebendiger Stil

Ein drittes Merkmal für einen guten Predigtstil ist Lebendigkeit. Wayne C. Minnick behauptet, dass eine Predigt, die an die Erfahrung der Zuhörer anknüpft, sowohl den Verstand als auch das Gefühl anspricht. Wir lernen unsere Umwelt durch Hören, Sehen, Schmecken, Fühlen und Berühren kennen. Ein Prediger muss an diese fünf Sinne appellieren, um die Zuhörer seine Botschaft erleben zu lassen. Direkt geht das durch Sehen und Sprechen. Die Zuhörer sehen seine Gesten und seine Mimik und hören, was er sagt. Die anderen Sinne stimuliert der Prediger indirekt durch den Gebrauch entsprechender Wörter. Mithilfe der Sprache können die Zuhörer an zurückliegende Ereignisse erinnert werden und sie reagieren so, wie sie damals reagiert haben. So läuft uns das Wasser im Mund zusammen, wenn wir an warme, knusprige Brötchen denken. Diese Reaktion bricht augenblicklich ab, wenn wir mit Schaudern vernehmen, dass Würmer darauf herumkriechen. Der Prediger kann die Leute dazu bringen, Erfahrungen, die sie noch nicht gemacht haben, mit ihren bekannten Gefühlen zu verbinden.

Lebendigkeit wird durch den Gebrauch von *genauen und konkreten Einzelheiten* erreicht. Wir nennen einen Satz dann »genau«, wenn er deutlich und exakt ist. »Konkret« ist er, wenn er Bilder und Vorstellungen zu wecken vermag. Die Zahl 1.923.212,92 Euro ist genau bis auf den Cent, aber nicht konkret. Die Zahl 275 Euro auf der Heizkostenrechnung dagegen ist konkret. Die erste Zahl kann man sich nicht bildlich vorstellen, wohl aber die zweite. Genaue Einzelheiten werden interessant, wenn sie auch konkret und vorstellbar sind. Sie knüpfen dann an Erfahrungen des Zuhörers an. Deshalb ist es besser, »Kohlköpfe, Gurken und Orangen« zu sagen, als »landwirtschaftliche Erzeugnisse«. Anstelle von »Großstädte« kann man »Berlin« oder »Wien« sagen. Die folgende Behauptung ist abstrakt: »In unserem Kurs über menschliche Erfahrungen haben wir bemerkt, dass die Ereignisse unseres Lebens zyklischen Charakter haben. Das Wissen darüber wird dem Beobachter ein hohes Maß an Angemessenheit in seinem Verhalten geben.« Der Prediger im Buch Prediger drückt dieselben Gedanken sehr konkret aus: »Ein jegliches hat seine Zeit, und alles Vorhaben unter dem Himmel hat seine Stunde: Geboren werden hat seine Zeit, sterben hat seine Zeit ... weinen hat seine Zeit, lachen hat seine Zeit; klagen hat seine Zeit, tanzen hat seine Zeit ... schweigen hat seine Zeit, reden hat seine Zeit« (Pred 3,1-7).

Ein Prediger muss lernen, in *Bildern* zu denken, er muss Einzelheiten visualisieren können. Gustave Flaubert gab seinem Schüler Guy de Maupassant einmal einen Auftrag: »Wenn du zum Bahnhof gehst, wirst du dort an die 50 Droschken finden. Sie sehen alle fast gleich aus, aber sie sind nicht alle gleich. Suche dir eine heraus und beschreibe sie so genau, dass ich sie nicht verfehlen kann, wenn ich sie später einmal sehe.« Konkrete Sprache setzt genaue Beobachtung voraus. Wenn wir das Leben nicht beobachten, können wir es nicht darstellen.

Lebendigkeit ergibt sich auch durch den Gebrauch von *Substantiven und Verben*. Adjektive und Adverbien überladen die Sprache und verbinden sich oft mit ausdrucksschwachen Worten. E. B. White sagt dazu: »Es gibt kein einziges Adjektiv, das ein schwaches oder ungenaues Wort aufwerten könnte.« Starke Substantive und Verben stehen für sich. Ein »großer Mann« sollte »Riese« genannt werden; ein »großer Vogel« ein »Pelikan«. Man sagt »er brüllte«, nicht »er sprach laut« oder »er trottete« und nicht »er ging langsam«. Besonders vorsichtig sollten Wörter wie »sehr, überaus, fast, ziemlich, höchst« gebraucht werden. Sie lassen eine genaue Wortwahl vermissen. »Kochend heiß« ist eine starke Bezeichnung, »sehr heiß« weniger stark; »qualvoll« peinigt mehr als »zu schmerzhaft«, und »faszinierend« ist ein stärkerer Ausdruck als »überaus interessant«.

Verben sollten lebendig sein. *Aktive Verben* bringen Leben in die Sprache. Passiv gebrauchte Verben wirken lähmend. »Meinungen und Urteile werden auf der Basis unseres Wissens von uns gebildet« klingt tot. »Wir denken auf Grund unserer Erfahrungen« besitzt Ausdruckskraft. »Für alle ist es eine gute Zeit gewesen« zieht sich dahin, während »Alle haben Spaß gehabt« mitreißt. Verben wie Substantive regen die Vorstellungskraft an, wenn sie genau sind. Er »ging« ist nicht so deutlich wie er »schlich, stolperte, schlurfte, torkelte«. Sie »schrie, kreischte, schimpfte, flüsterte« sagt uns mehr als »sie sagte«.

Die Lebendigkeit wächst auch durch den Gebrauch von unverbrauchten Wortbildern und Vergleichen, durch die sich die Zuhörer an frühere Erfahrungen zurückerinnern können. Alexander MacLaren stimuliert ein körperliches Empfinden bei den Zuhörern, indem er sagt: »Die Sünde ist wie Tang, in dem man, einmal gefangen und von seinen ›Fangarmen‹ festgehalten, fast unweigerlich ertrinkt.« George Byron appelliert an das visuelle Vorstellungsvermögen:

> »Die Assyrer stürzten sich hinunter wie der Wolf auf den Schafpferch, und ihre Kohorten glänzten alle in Silber und Gold.«

Charles H. Spurgeon weckte die Sinne, indem er mit einem Vergleich an ein vergangenes Zeitalter erinnerte, »als das große Universum noch in der gedanklichen Vorstellung Gottes war wie ungeborene Wälder in einer Eichel«. Alfred North Whitehead lässt Vorstellungen wach werden: »Wissen ist schwerer aufzubewahren als Fisch.« Solche Wortbilder sparen Zeit. Mit ihnen kann etwas treffender ausgedrückt werden als durch viele Sätze. Dazu ein paar Beispiele:

- Schlagwörter sind keine Argumente, sondern nur zur Faust geballte Gedanken. (Kurt Wildner)
- Auch mit edlen Ideen kann man die Welt verwüsten. (Jüdisches Sprichwort)

Wortbilder und Vergleiche müssen unverbraucht sein. Die wörtliche und übertragene Bedeutung sollten beide gleichermaßen treffend sein. Wenn die Redewendung ihre Bildhaftigkeit verloren hat, weil sie durch übermäßigen Gebrauch schon abgedroschen ist, langweilt sie die Zuhörer und hat keine Kraft mehr. Hier sind einige oft gebrauchte Wendungen, die früher unter die Haut gingen, uns jetzt aber kaum noch berühren:

verlorene Welt
wiedergeborener Christ
Seelen retten
Gemeinschaft haben
das reine Evangelium
eine gesegnete Zeit haben
Gebetslast
Freudigkeit haben

Wenn Vergleiche schal geworden sind, muss man sich nach neuen umsehen. Wir müssen die ewige Botschaft mit modernen Worten ausdrücken. Deshalb sollte ein Prediger Zeitungen und Zeitschriften aufmerksam lesen, Radio hören und fernsehen, um mit der Sprache vertraut zu werden, in der heute die Menschen unserer Gesellschaft gefangen sind. Linguisten machten die Beobachtung, dass die Sprache vom Rednerpult aus meistens »ungenau, irrelevant und unbedeutend« ist, und bestätigen damit, was den meisten Gottesdienstbesuchern schon längst aufgefallen ist.

Ein wirksamer Redestil kann nicht gelernt werden wie eine mathematische Formel. Ein guter Redner hat ein Auge für Besonderheiten und sucht nach bedeutsamen Ähnlichkeiten zwischen Dingen, die normalerweise nicht zusammengehören. Genau das ist nötig bei einer wirkungsvollen Predigt. Prediger, die Gottes Kreativität repräsentieren, sollten sich unterstehen, »Holzköpfe ohne zündende Ideen zu werden« (Robert Browning).

Wie können wir vermeiden, dass das, was wir sagen, uninteressant klingt?

1. *Gib acht auf deinen privaten Sprachgebrauch!* Sprich auch im privaten Gespräch nicht neutral und seicht. Suche frische Vergleiche in deinem Alltag, die du dann auch in der Predigt verwenden kannst. H. W. Beecher, ein bekannter Predigtlehrer des 20. Jahrhunderts, gibt seine Erfahrungen mit Illustrationen weiter, die allerdings auch auf den Stil zutreffen: »Obwohl Illustrationen für mich so normal sind wie das Atmen, benutze ich jetzt 50, wo ich früher nur eine benutzt habe. ... Ich entwickelte eine Neigung, die schon in mir vorhanden war, und bildete sie aus, indem ich las und es praktizierte, durch viele Versuche mit der Feder und improvisierend, wo ich gerade war.«

2. *Beobachte und erforsche, wie andere die Sprache gebrauchen!* Wenn ein Autor oder Redner dich aufrüttelt, solltest du untersuchen, warum das so ist. Weil Poesie voll ist von Wortbildern und Vergleichen, solltest du Gedichte lesen, um ein Gefühl für bildhafte Wendungen zu bekommen.

3. *Lies laut!* Laut lesen hat zwei Vorteile. Dadurch wird sich dein Wortschatz erweitern. Kinder lernen durch Hören und Nachahmen zu sprechen, lange bevor sie lesen und schreiben lernen. Laut lesen wiederholt diese Erfahrung. Zweitens werden sich neue Sprachmuster in dein Unterbewusstsein einprägen, wenn du ein Buch in gutem Stil liest. Du wirst ein Gefühl für bildhafte Sprache bekommen. Lies deiner Frau und deinen Kindern vor, sodass du gezwungen wirst, mit Gefühl vorzulesen. Lies Romane, Theaterstücke, Predigten und besonders die Bibel. Die Lutherbibel hat eine kraftvolle, aber altertümliche Sprache. Die Gute Nachricht ist eine Übersetzung in heutigem Deutsch. Der Stil beider Übersetzungen kann beeindrucken.

Worum ging es im vergangenen Kapitel?

Stil

Merkmale eines wirkungsvollen Predigtstils:
- klar
- direkt und persönlich
- lebendig

Definition

Stil Wortwahl

Kapitel 10

Wie der Predigtvortrag, so das Zuhören

Die meisten Bücher über das Predigen sagen viel zur Erarbeitung von Predigten, aber wenig über deren Vortrag. Das macht sich bei den meisten Predigern bemerkbar. Obwohl sie viele Stunden über der Predigtvorbereitung brüten, denken sie kaum über den Vortrag selbst nach. Eine Predigt wird erst dann lebendig, wenn sie gehalten wird. Eine Predigt, unfähig vorgetragen, erreicht die Zuhörer wie eine Totgeburt.

Die Wirkung einer Predigt basiert auf zwei Faktoren: Inhalt und Vortragsweise. Beide sind wichtig. Ohne realitätsbezogenen, biblischen Inhalt haben wir nichts zu sagen; aber ohne einen gewandten Vortrag kommt der Inhalt beim Publikum nicht an. Zu einer Predigt gehören – in der Reihenfolge ihrer Wichtigkeit – Gedanken, Anordnung, Sprache, Stimme und Gestik. Bezüglich des Eindrucks, den sie hinterlassen, scheint die Reihenfolge aber oft umgekehrt. Gestik und Stimme sind die sichtbarsten und damit für den Vortrag die bestimmendsten Elemente. Alle Studien über den Vortragsstil und dessen Wirkung auf die Vermittlung des Inhalts kommen zum selben Schluss: Der Vortragsstil spielt eine wichtige Rolle.

Stimme und Gestik berühren die Sinne der Zuhörer unmittelbar und vermitteln durch ihre Gestaltung die Gefühle und Einstellungen des Predigers mehr, als es seine Worte tun. In den 1970-Jahren haben Wissenschaftler aus verschiedenen Fachrichtungen – Psychologen, Ethnologen, Soziologen, Kommunikationswissenschaftler – die Wirkung der nonverbalen Kommunikation untersucht. Sie beobachteten, welche Botschaften vermittelt werden durch die Art, wie wir sitzen oder stehen, durch Mimik, Gestik und sogar dadurch, wie dicht wir beieinander stehen, wenn wir uns unterhalten. Als Nebenprodukt dieser Untersuchungen erschienen einige Bücher, die sich mit der Interpretation der Körpersprache für den persönlichen Gebrauch beschäftigen. Der Absolutheitsanspruch dieser Bücher bescherte ihnen wahrscheinlich genauso viele Skeptiker wie Anhänger. Individuelle und kulturelle Verschiedenheiten in der nonverbalen Kommunikation lassen starre Definitionen als zu vereinfachend, wenn nicht sogar gefährlich erscheinen. Wenn ich behaupte, über der Brust verschränkte Arme bedeuten, dass der Sprecher seine Zuhörer ausschließen wolle, so entspricht das der Behauptung, das Wort »Modell« bedeute immer die verkleinerte Abbildung eines größeren Objektes.

Trotzdem können wir nicht ernsthaft abstreiten, dass wir auch dann kommunizieren, wenn wir nicht sprechen. Menschen, die durch eine Freundschaft verbunden sind, glauben oft, dass ein Zeichen für die Tiefe ihrer Freundschaft darin liegt, sich auch ohne Worte zu verstehen. Zufällige Bekannte oder sogar fremde Menschen wirken freundlich, ärgerlich oder besorgt auf uns durch ihre Körperhaltung, Mimik oder den Ton ihrer Stimme. Lächeln, Stirnrunzeln, Anstarren, Zuzwinkern oder das Aufleuchten der Augen hat starken Einfluss darauf, ob wir diese Person mögen oder nicht und ob wir ihr vertrauen oder misstrauen. Der Schreiber der Sprüche verstand die Macht der nonverbalen Kommunikation: »Ein heilloser Mensch, ein nichtswürdiger Mann, wer einhergeht mit trügerischem Munde, wer winkt mit den Augen, gibt Zeichen mit den Füßen, zeigt mit den Fingern, trachtet nach Bösem und Verkehrtem in seinem Herzen und richtet allezeit Hader an« (Spr 6,12-14). Augen, Hände, Gesicht und Füße vermitteln den Zuhörern genauso viel wie Worte – wenn nicht sogar mehr. Der Psychologe Albert Mehrabian hat versucht, die Anteile dieser Kommunikationsformen in Prozenten auszudrücken. Er meint, dass nur 7 % der Botschaft durch Worte vermittelt werden; 38 % durch die Stimme und 55 % durch die Mimik des Redners.

Einige dieser Feststellungen lassen sich durchaus auf das Predigen übertragen. Zunächst einmal kommt der nonverbalen Sprache in einem öffentlichen Vortrag besondere Bedeutung zu. Wenn wir vor den Zuhörern stehen und mit unserer Rede beginnen, spielen drei verschiedene Kommunikationswege gleichzeitig eine Rolle: unsere Worte, unser Tonfall und unsere Gestik. Sie alle vermitteln bestimmte Eindrücke. Als der Schauspieler George Arliss zum ersten Mal das Stück *Disraeli* las, riet er dem Autor, zwei Seiten davon wegzulassen. »Das, was darin steht, kann ich durch einen einzigen Blick ausdrücken«, sagte er. »Was für ein Blick?« fragte der Autor. Arliss führte es vor, und die Seiten wurden gestrichen. Handlungen sind tatsächlich oft viel ausdrucksvoller als Worte. Wenn man den Finger auf die geschlossenen Lippen legt, drückt das mehr aus als die Worte »Sei still!«. Aufreißen der Augen und Hochziehen der Augenbrauen vermitteln ein Überraschtsein besser als alle Worte, und ein Achselzucken kann kaum in Worte gefasst werden. Allgemein kann gesagt werden, dass nonverbale Kommunikationsformen häufiger Emotionen und Einstellungen vermitteln. »Ergänzend zu dem, was wir verbal mitteilen, drücken wir immer auch unsere wahren Gefühle durch unsere stumme Sprache aus – die Sprache unseres Verhaltens« (Edward T. Hall).

Zweitens stimmen Forschung und Erfahrung darin überein, dass die Zuhörer eher die nonverbalen Signale wahrnehmen und ihnen glauben, wenn diese nicht mit den verbalen Botschaften übereinstimmen. Es scheint weitaus schwieriger zu sein, mit dem ganzen Körper zu lügen als nur mit den Lippen. Sigmund Freud schreibt in diesem Zusammenhang: »Kein Sterblicher kann ein Geheimnis für sich behalten. Sind seine Lippen geschlossen, plaudern seine Fingerspitzen; Verrat entweicht aus jeder seiner Poren.« Ein Prediger kann zwar behaupten: »Dies ist sehr wichtig!«, aber wenn seine Stimme langweilig und ausdruckslos klingt und er kraftlos dasteht, wird ihm das keiner glauben. Wenn ein Prediger mit der Faust droht und mit vorwurfsvollem Ton sagt: »Diese Gemeinde braucht mehr Liebe und tiefere gegenseitige Annahme!«, dann fragen sich die Zuhörer wahrscheinlich, ob der Pastor überhaupt weiß, wovon er spricht. Weil ein großer Teil des Predigens mit der persönlichen Einstellung und Haltung des Predigers zu tun hat, die entweder mit dem Gesagten übereinstimmt oder ihm widerspricht, sollte der Prediger genau auf seine Vortragsweise achten.

Drittens beginnt ein wirkungsvoller Vortrag mit einem tiefen Wunsch. Der humoristische Philosoph Abe Martin behauptete: »Der Unterschied zwischen Profis und Amateuren ist unvorstellbar groß!« Der Amateur, der öffentlich redet, spricht Worte aus. Der Profi hingegen hat den tiefen Wunsch, etwas zu vermitteln. Der Amateur ist damit beschäftigt, die Ideen aus seinem Kopf zu kramen, während der Profi darum ringt, seine Ideen in unsere Köpfe hineinzubringen. Beim Prediger können sprechtechnisches

Wissen und Rhetorikkurse niemals tiefe Überzeugungen und Verantwortungsgefühl ersetzen. Doch die feste Gewissheit, etwas Wichtiges zu sagen zu haben, und der starke Wunsch, dass es die Zuhörer verstehen und ausleben mögen, regen stark zu einem guten Predigtvortrag an. Sie geben der Predigt den notwendigen emotionalen »touch«. Deshalb sollte ein Predigtvortrag auch einem lebhaften Gespräch ähneln. Wenn wir uns darauf konzentrieren, dass unsere Gedanken auch wirklich bei den Zuhörern ankommen, wird unser Vortrag natürlich und nicht verkrampft sein. Charles R. Brown beschreibt z. B. den Vortragsstil von George MacDonald in London:

»Er las am Morgen das elfte Kapitel des Hebräerbriefes. Als er dann mit seiner Predigt begann, sagte er: ›Sie haben schon alle von diesen Glaubensmännern gehört. Ich sollte nicht versuchen, Ihnen zu erklären, was Glauben ist. Es gibt Theologieprofessoren, die können das viel besser als ich. Ich möchte Ihnen helfen zu glauben.‹ Dann folgte eine einfache, von Herzen kommende und großartige Rede über sein eigenes Glaubensleben, damit die Zuhörer begreifen konnten, was persönlicher Glaube ist, und wie jeder von ihnen lernen kann zu glauben. Er war mit ganzem Herzen bei der Sache und sein Vortrag war deshalb so wirkungsvoll, weil er auf dem offensichtlichen Reichtum seines inneren Lebens beruhte.«

»Er war mit ganzem Herzen bei der Sache«; keine Technik kann dies ersetzen. Echtheit, Begeisterung und Eifer reißen die Maske herunter und lassen das wahre Selbst zum Vorschein kommen. In diesem Sinne wird ein wirkungsvoller Vortrag einem normalen Gespräch nahekommen.

Das bedeutet aber nicht, dass unsere Umgangssprache immer auch die beste Sprache für eine Predigt ist. Wie wir uns privat unterhalten, hat viel mit unserer Erziehung und unseren Angewohnheiten zu tun. Wir können eine ausdrucksarme Sprache haben oder auch z. B. schlechte Tischmanieren oder eine schlechte Körperhaltung. Was in unserem Privatleben oft nicht auffällt, wird dagegen sehr deutlich, wenn wir einen Vortrag halten. Wenn wir vor den Zuhörern stehen, werden unsere schlechten Angewohnheiten für jeden sichtbar. Feuchte Hände in den Taschen, nervöses Zupfen des Ohrs, Spielen mit dem Ehering, Fummeln an der Krawatte und Scharren mit den Füßen wirken genauso negativ wie ein fehlerhafter Satzbau. Gekünsteltes und unechtes Verhalten mag von Freunden und Bekannten toleriert werden. Es fällt den Zuhörern bei einem Vortrag aber sofort auf und lenkt ihre Aufmerksamkeit vom Inhalt ab. Körperbewegungen müssen deshalb bei einer Predigt diszipliniert eingesetzt werden, wenn sie wirkungsvoll sein sollen.

Die ersten Versuche, den eigenen Vortragsstil zu verfeinern, erscheinen oft unnatürlich. Als Anfänger denkt man vielleicht, dass der Prediger doch kein Schauspieler ist und dass man seine eigene Persönlichkeit nicht verstellen sollte. Aber ganz gleich, welche Fähigkeiten wir erlernen wollen – und darum geht es! –, wir werden zuerst gehemmt sein. Wenn wir z. B. anfangen, den Führerschein zu machen, oder unsere ersten Tennisstunden nehmen, fühlen wir uns linkisch und unbeholfen. Nach einiger Übung und Erfahrung nimmt unser Gehemmtsein ab und die neu erlernten Fähigkeiten wirken natürlich und entstehen automatisch. Anstrengungen und Disziplin sind nötig, um einen natürlichen Eindruck vor einem Publikum zu machen.

Auf welche nonverbalen Faktoren sollten wir uns beim Predigtvortrag konzentrieren?

Kleidung und Aussehen

Wenn der Apostel Paulus erklärt: »Ich bin allen alles geworden, damit ich auf alle Weise einige rette« (1Kor 9,22), drückt er damit so etwas wie einen Grundsatz für christliche Kommunikation aus. In moralisch neutralen Fragen ist nicht meine Meinung am wichtigsten, sondern die Empfindungen und Einstellungen der Zuhörer. Wenn gepflegtes Aussehen und Kleidung einen Unterschied machen, wie die Zuhörer auf uns reagieren, sollte dies auch für uns von Bedeutung sein.

Eine Grundregel für Kleidung und äußeres Erscheinungsbild ist, dass sie zum Publikum, zur Situation und zum Redner passen sollten. Die ständig wechselnde Mode in Bezug auf Frisur und Barttracht machen absolute Regeln unmöglich. Ein Prediger, der sich seiner Zuhörer und ihrer Maßstäbe bewusst ist, wird seine Haare nicht so frisieren, dass sie ein Hindernis für seinen Dienst bedeuten. John T. Molloy, Modeberater von vielen amerikanischen Spitzenfirmen, wurde gefragt, welche Merkmale alle erfolgreichen Manager gemeinsam haben. Er fand zwei heraus: Ihr Haar ist gekämmt und ihre Schuhe sind geputzt. Und sie erwarten dasselbe von anderen Männern, besonders von ihren Mitarbeitern. Molloys Studie zeigt an, dass zerzaustes Haar, auch wenn es kurz ist, negative Reaktionen hervorruft. Haar, egal wie lang, muss ordentlich sein.

Regelmäßiger Sport und gesunde Ernährung helfen, überflüssige Pfunde loszuwerden, die kein gutes Erscheinungsbild abgeben. Es ist schwer zu glauben, dass ein Pastor mit 15 Kilo Übergewicht die biblischen Ermahnungen zur Selbstdisziplin ernst nimmt. Unser Äußeres umfasst auch den Gebrauch von Seife, Deo, Zahnpasta und Mundwasser. Mund- und Körpergeruch können solchen Anstoß erregen, dass sie zur Ablehnung des Predigers und seiner Botschaft führen.

Untersuchungen haben gezeigt, dass wir allein aufgrund der Kleidung und des Aussehens einer Person Vorurteile aufbauen, deren wir uns nicht bewusst sind. Das alte Sprichwort »Kleider machen Leute« sollte eher lauten: »Kleider zeigen auf, wer wir sind.« Während wir uns so kleiden, dass wir uns wohlfühlen, sollten wir auch darauf bedacht sein, dass andere sich in unserer Gegenwart wohlfühlen und nicht durch unsere Kleidung abgestoßen werden. »Psychologie Heute« berichtete 1979 von einer Studie, die den Einfluss der Kleidung bei Verkäufern untersuchte: »Die Frage war, ob in einer Zeit, wo Jeans und Safari-Jacken sogar in etablierten Kreisen getragen werden, das Tragen von Berufskleidung noch eine Rolle spielt. Es zeigte sich, dass beispielsweise in einem Laden für Herrenbekleidung der Umsatz 43 Prozent höher war, wenn die Verkäufer Anzüge trugen, als wenn sie in Hemd und Krawatte bedienten. Der Umsatz fiel um 60 Prozent, wenn sie nur Hemden mit offenem Kragen trugen.«

Anzüge sollten sauber und gebügelt sein, Socken sollten die Waden bedecken; Taschen sollten nicht durch Stifte, Notizbücher, Bibeln, Brillen und Brieftaschen ausgebeult werden und zu einem frischen Hemd sollte auch die passende Krawatte getragen werden. Ein Prediger beweist sein Können nicht dadurch, dass er beim Ankleiden statt in den Spiegel in den griechischen Urtext schaut.

Bewegungen und Gestik

Gott hat den menschlichen Körper für Bewegungen geschaffen. Wenn die Zuhörer eine regungslose Statue sehen wollen, können sie ins Museum gehen; und auch dort sind die eindrucksvollsten Plastiken oft die, welche lebendig erscheinen. In vielen Bereichen wird mit dem gesamten Körper gearbeitet: Dirigenten, Pianisten, Fußballspieler, Schiedsrichter, Schauspieler und Golfspieler setzen ihren Körper voll ein. Auch ein guter Redner sollte seinen Körper sprechen lassen.

Dabei sollte immer der Inhalt die Bewegung auslösen. Das bedeutet zweierlei: Es gibt Prediger, die völlig regungslos vor den Zuhörern stehen, wie sprechende Köpfe, die ihren Körpern verboten haben, mit der Botschaft in Beziehung zu treten. Solche Männer müssen es lernen, ihre Gedanken und Gefühle auch mit dem Körper auszudrücken. Sie sollten ihre natürlichen, körperlichen Ausdrucksweisen nicht unterdrücken. Sie sollten Kopf, Körper, Hände und Füße sprechen lassen, wie sie es auch im persönlichen Gespräch tun. Ja, wir müssen lernen, unseren körperlichen Ausdruck noch reicher, kraftvoller und gezielter einzusetzen.

Für andere Prediger wiederum bedeutet das Prinzip, dass der Inhalt die entsprechenden Bewegungen hervorrufen sollte, sich weniger zu bewegen. Zu viel Bewegung kann die Konzentration der Zuhörer stören und sie vom Inhalt ablenken. Wenn die Bewegungen, die wir ausführen, nur der Nervosität und inneren Unruhe zuzuschreiben sind, sollten wir lieber still stehen, denn sie beruhigen zwar uns, sind aber wenig hilfreich für die Zuhörer. Wenn sie sich aber auf den Inhalt beziehen, sollte man die Hemmungen abstreifen und das Gesagte mit körperlichem Ausdruck unterstreichen. Der Übergang zu einem neuen Gedanken könnte vielleicht dadurch unterstrichen werden, dass man ein bis zwei Schritte nach rechts oder links geht. Nachdem dieser Gedankengang abgeschlossen ist, geht man wieder zurück. Sollen die Zuhörer eine kurze Zeit zum Nachdenken haben, kann man einen Schritt zurücktreten und selbst kurz still sein. Was Hamlet zu seinen Schauspielern sagte, stimmt auch heute noch: »Achte darauf, dass die Bewegungen zu den Wörtern passen und die Wörter zu den Bewegungen.«

Ein besonderer Teil der Körpersprache ist die Gestik, die sich zum Sprechen so verhält, wie ein Schaubild für ein Buch. Gesten dienen dazu, sich auszudrücken, und sind nicht dazu da, um zur Schau gestellt zu werden. Sie dienen auf verschiedene Weise der Kommunikation. Gesten helfen, das Gesagte zu erklären und zu beschreiben. Wenn ein Prediger z. B. die Mauern Babylons beschreiben möchte, kann er sie viel wirkungsvoller mit Gesten beschreiben, als sie nur mit bloßen Worten zu erklären. Stellen Sie sich die folgende Darstellung einmal mit und einmal ohne Gestik vor: »Babylon war das Monument heidnischer Macht. Die Stadt war von einem komplizierten System doppelter Mauern umgeben; die äußeren Mauern waren etwa 27 Kilometer lang, und sie waren stark und breit genug, dass zweirädrige Streitwagen darauf kreuzen konnten. Diese massiven Mauern wurden durch gigantische Verteidigungstürme gestützt und durch acht große Tore unterbrochen.«

Gesten betonen den Vortrag. Es ist ein großer Unterschied, ob der Satz »Das ist extrem wichtig!« mit schlaff herunterhängenden Händen und Schultern gesagt wird oder ob das Wort »extrem« mit einer geballten Faust unterstrichen wird. Gesten bringen Vitalität in die Stimme. Wenn man aber mit geballter Faust aufschlägt, um Nachdruck zu verleihen, so sollte dies sanft geschehen. Auch sollte man niemals mit dem Finger drohen, denn die Hörer fühlen sich dadurch gerügt. Gesten unterstützen die Aufmerksamkeit und halten sie aufrecht. Ein Objekt, das sich bewegt, fesselt das Auge mehr als ein ruhendes Objekt. Gesten beruhigen den Redner. Wenn der Körper die Gedanken unterstreicht, fühlt man sich sicherer und wacher. Gesten tragen dazu bei, dass sich die Zuhörer mit unseren Gefühlen besser identifizieren können. Bei einem Fußballspiel kann man oft beobachten, dass die Zuschauer zusammenzucken, wenn haarscharf am Tor vorbeigeschossen wird, oder vor Begeisterung von ihren Sitzen aufspringen, wenn ihre Mannschaft ein Tor erzielt hat. Dieses projektive Verhalten gründet auf dem menschlichen Einfühlungsvermögen. Im Wesentlichen handelt es sich um eine unwillkürliche Muskelreaktion, bei der die Zuhörer oder Zuschauer in begrenztem Maße mitagieren mit der Person, der sie zuhören bzw. zuschauen. Weil durch Gesten unbewusst auch Gefühle übertragen werden, stellt sich die Frage, ob unsere

Zuhörer (hoffentlich) das empfinden, was wir möchten, dass sie es bei unseren Gedanken empfinden. Wenn der Redner sich unwohl fühlt, wird sich das in seiner Gestik niederschlagen, und die Zuhörer, die sich in ihn hineinfühlen, werden sich auch unwohl fühlen. Genauso kann ein Redner seine Zuhörer positiv beeinflussen – also im Sinne des Predigtzweckes – und durch gezielte Gesten die Wahrscheinlichkeit erhöhen, dass seine Botschaft positiv aufgenommen wird.

Spontane Gestik

Es gibt einige Kennzeichen für wirkungsvolle Gesten. Das erste davon ist Spontaneität. Wir sollten uns durch Gesten ausdrücken, sie aber niemals künstlich »machen«. Gesten sollten sich aus unseren Überzeugungen und Gefühlen heraus entwickeln. Obwohl Gesten nicht geplant werden sollten, können sie doch geübt werden. Wenn sie aber nicht natürlich kommen, sollten wir sie lieber ganz weglassen.

Eindeutige Gestik

Gesten sollten immer eindeutig sein. Wir sollten keine Hemmungen vor klaren, deutlichen Gesten haben, denn halbherzige, unvollständige Gesten vermitteln nichts Positives. Der ganze Körper sollte bei einer Geste beteiligt sein. Am erhobenen Zeigefinger, einer sehr einfachen Geste, sind nicht nur Finger, sondern auch die Hand, das Handgelenk, der Unterarm, Schultern und Rücken beteiligt. Sogar der Körper verlagert sich etwas, um Kraft in diese Bewegung zu legen. Wenn eine Geste unbeholfen wirkt, kann es oft damit zusammenhängen, dass sich der Körper nicht mitbewegt.

Abwechslungsreiche Gestik

Gesten sollten variiert werden. Die Wiederholung von nur einer einzigen Geste zieht die Aufmerksamkeit auf die Geste und irritiert die Zuhörer. Eine Geste wie beim Wasserpumpen zieht etwa die Aufmerksamkeit der Zuhörer auf sich. Wenn sie aber zu oft ausgeführt wird, haben die Zuhörer den Eindruck, dass die Quelle fehlt. Übungen vor dem Spiegel sind hilfreich, um herauszufinden, auf wie viele verschiedene Arten man seinen Körper bewegen kann. Richard Paget behauptet, dass wir 700.000 verschiedene Grundzeichen mit unseren Armen, Handgelenken, Händen und Fingern produzieren können. Versuche es mit einer Hand, beiden Händen, offener Hand, geschlossener Hand, Handteller nach oben, nach unten usw.! Experimentiere mit deinen Armen, mit Kopf, Augen und Gesicht!

Zeitlich genaue Gestik

Gesten sollten zur rechten Zeit kommen. Sie begleiten ein Wort oder einen Satz oder werden vorausgeschickt. Wenn sie dem Satz hinterherhinken, wirken sie oft lächerlich. Gesten, die nicht rechtzeitig kommen, weisen meist auf einen Mangel an Spontaneität und Motivation hin.

Blickkontakt

Der Blickkontakt ist der wichtigste und effektivste Teil der nonverbalen Kommunikation. Wir kommunizieren mit unseren Augen. Durch den Blickkontakt mit dem Publikum bekommen wir einerseits eine Rückmeldung (feedback), d. h. wir erfahren, wie unser Vortrag ankommt. Andererseits fördert der Blickkontakt die Aufmerksamkeit der Zuhörer. Wenn man die Zuhörer direkt anschaut, merkt man, ob man verstanden wird, ob Interesse da ist und ob die Bereitschaft vorhanden ist, noch weiter zuzuhören. Ein fähiger Prediger kann dann auf seine Beobachtungen eingehen und z. B. Erklärungen und Illustrationen einfügen, wenn er den Eindruck hat, dass die Zuhörer ihn nicht ganz verstanden haben. Darüber hinaus hat der Zuhörer durch den Blickkontakt das Gefühl, direkt und persönlich angesprochen zu werden. Prediger, die über die Köpfe der Zuhörer hinweg ins Nichts schauen, auf ihre Notizen starren, aus dem Fenster gucken oder, was noch schlimmer ist, die Augen während des Sprechens schließen, handeln sich dadurch große Nachteile ein. Kein Publikum hört einem Redner aufmerksam zu, von dem es nicht angeschaut wird. Menschen misstrauen sogar meistens demjenigen, der Blickkontakt vermeidet, und unterschätzen das, was er zu sagen hat.

Obwohl man das Publikum als Ganzes anspricht, redet man doch zu jedem Einzelnen. Bevor man anfängt zu reden, hält man inne und versucht, persönlichen Kontakt zu den Zuhörern herzustellen. Schweife mit den Augen über die Menge und halte bei diesem oder jenem für einen Augenblick inne. Das sollte man während der Predigt öfter tun. Sprich für ein bis zwei Sekunden nur zu einem Zuhörer, indem du ihm in die Augen siehst, und wende dich dann einem anderen zu. Man sollte Zuhörer im ganzen Raum suchen und sie einzeln so lange anschauen, bis sie bemerken, dass sie persönlich angesprochen werden.

Wenn das Publikum sehr groß ist, kann man diesen Blickkontakt auch mit kleineren Gruppen suchen. Aber achte darauf, dass du die Zuhörer nicht nur anstarrst, sondern auch mit ihnen sprichst. Konzentriere dich darauf, die Botschaft jedem zu übermitteln – die Botschaft, von der du möchtest, dass sie jeder Einzelne wirklich versteht.

Die Zuhörer sollten dein Gesicht sehen können. Deshalb muss das Rednerpult gut beleuchtet sein, damit deine Augen nicht durch Schatten abgedunkelt werden. Das Publikum sollte so nah wie möglich bei dir sitzen, damit es deine Augen sehen und die gesamte Mimik deines Gesichtes beobachten kann.

Stimme

Eine Rede enthält mehr als nur Worte und Sätze. Durch den Klang der Stimme werden Gedanken und Gefühle auch ohne Worte übertragen. Aufgrund der Lautstärke, Geschwindigkeit und Tonhöhe des Gesagten wird oft über den körperlichen und emotionalen Zustand des Redners geurteilt. Er wird dadurch als aufgeregt, ärgerlich, zufrieden, krank, glücklich oder müde wahrgenommen. Weil die Stimme so vieles auslöst, sollte der Prediger ihre Funktionen und Wirkungsmechanismen gut kennen, damit er sie sinnvoll einsetzen kann.

Die menschliche Stimme entsteht genauso wie der Ton bei einem Blasinstrument. So wie das Rohrblatt im Instrument vibrieren muss, um einen Ton zu erzeugen, so müssen auch die Stimmbänder im Kehlkopf schwingen, wenn Luft aus der Lunge ausgeatmet wird. Stimme entsteht also, indem Luft aus den Lungen durch die Bronchien gepumpt wird, die die Lunge mit der Luftröhre verbinden. Wenn die ausgeatmete Luft die Stimmbänder passiert, die im oberen Bereich der Luftröhre liegen, geraten sie in Schwingung und erzeugen Klangwellen. Dieser Klang breitet sich dann vom Kehlkopf über Rachen, Nebenhöhlen und Mund aus. Diese Hohlräume des Kopfes fungieren als Resonanzböden, genauso wie die Klangkörper bei Saiteninstrumenten. Indem sich durch die Bewegungen von Gaumen, Kiefer, Zunge, Lippen, Zähnen und der Rückwand der Rachenhöhle die Form der Resonanzböden verändert, wird die Stimmqualität erzeugt. Auch die Konsonanten wie *l, p, t, d, s, r* werden durch solche Bewegungen gebildet.

Selbst ein oberflächliches Verständnis der Mechanismen der Stimmbildung genügt, um zu verstehen, dass für die Stimmbildung ein kontrollierter, ausreichender Luftstrom vorhanden sein sollte. Auch sollten die Stimmbänder frei von übermäßigen Spannungen gehalten werden.

Die meisten Redner können die Qualität ihrer Stimme auch ohne besondere Stimmbildungsübungen verbessern, einfach weil sie die Prinzipien der Stimmbildung verstanden haben. So ist Bauchatmung wesentlich effektiver als Brust- oder Schulteratmung. Ein Redner sollte das ganze Alphabet in einem Atemzug aufsagen können. Bei manchen Rednern geht die Stimme hoch, wenn sie lauter reden. Sie müssen lernen, die Stimme zu senken, wenn sie mit mehr Kraft weitersprechen wollen. Andere dämpfen ihre Stimme zu sehr, weil sie ihren Mund nicht richtig öffnen und die Zähne nicht auseinanderbekommen. Es gibt auch Redner, die beim Reden zu viel Luft ausströmen lassen und dann nur noch hauchen können. Einige Prediger sprechen so schnell, dass sie viele Wörter verschlucken. Andere wiederum leiern ihren Vortrag monoton herunter.

Die meisten rhetorischen Hilfen, die in Fachbüchern gegeben werden, sind Übungen, um diese allgemeinen Fehlerquellen abzustellen. Große Universitäten veranstalten auch Rhetorikkurse über das ganze Semester hindurch und bieten dadurch Hilfe für

Studenten mit komplexeren Sprachproblemen an. Wenn ein Prediger solche Möglichkeiten zur Verfügung hat, gibt es für ihn keine Entschuldigung, wenn er nicht an seiner Stimmausbildung arbeitet, um sie aufs Beste zu entwickeln.

Jeder Redner betont und unterstreicht seinen Vortrag auf nur vier verschiedene Arten: durch den Wechsel in seiner Stimmlage, Lautstärke, Sprechgeschwindigkeit und durch Pausen. Diese vier ergeben die Satzzeichen einer Rede.

Stimmlage (Tonhöhe)

Die Variationen der Stimmlage ergeben die Melodie der Stimme. Wenn man z. B. eine Frage stellt, verändert sich die Höhe der Stimme von tief nach hoch: »Glauben Sie an die Hölle?« Derselbe Satz, nur anders betont, kann etwas ganz anderes bedeuten, nämlich: »Sie glauben doch nicht an die Hölle!«

Eine monotone Stimmlage schläfert ein oder nervt uns wie ein Kind, das immer nur einen Ton auf dem Klavier hämmert. Viel Witz und Humor des Redners geht oft durch die falsch gewählte Tonhöhe verloren, weil die Zuhörer nicht schon an der Stimmlage erkennen können, dass es sich um einen Witz handelt und nicht um eine ernst gemeinte Aussage.

Lautstärke

Variationen in der Lautstärke erzeugen Interesse und setzen Akzente. Ein Wechsel in der Tonstärke deutet die relative Wichtigkeit des Gedankens an. Die Aussage »Der Herr ist mein Hirte« z. B. besteht aus nur fünf Worten. Wenn man den Satz fünf Mal aufsagt und jedes Mal ein anderes Wort betont, ergeben sich fünf verschiedene Bedeutungen dieser Aussage. Verschiedene Teile einer Predigt können akzentuiert werden, indem sie mit mehr Lautstärke vorgetragen werden.

Leider gibt es viele Prediger, die keine andere Möglichkeit kennen, ihre Gedanken zu unterstreichen. Ihre Predigten hören sich dann wie Marktgeschrei an. Sie verwechseln Lautstärke mit geistlicher Stärke und glauben, dass Gott nur im Sturm redet. Auf die Zuhörer wirkt solch eine Monotonie der Lautstärke jedoch ermüdend. Akzentuierungen erreicht man nur durch Variation. Wenn die Stimme sich plötzlich in Flüstern verwandelt, wirkt das genauso wie ein lautes Geschrei. Aber viele Prediger verwenden leider nur eine Lautstärke, obwohl das Benutzen der ganzen Bandbreite ihrer Stimme den Vortrag erheblich verbessern würde.

Sprechgeschwindigkeit

Die Akzentuierung eines Vortrags kann auch durch den Wechsel der Sprechgeschwindigkeit erreicht werden. Sprich z. B. einmal die kummervollen Worte Davids im gleichen Takt nach: »Mein Sohn Absalom! Mein Sohn, mein Sohn Absalom! Wollte Gott, ich wäre für dich gestorben! O Absalom, mein Sohn, mein Sohn!« (2Sam 18,33). Dann sprich den Satz einmal ganz, ganz langsam. Jetzt sprich die ersten beiden Sätze schnell, mit Gefühl und den Rest langsam. Schon diese Variationen machen deutlich, wie auch die Geschwindigkeit verschiedene Gefühle und Bedeutungen ausdrückt.

Auch bei der Sprechgeschwindigkeit liegt die Kunst im Wechsel, genau wie bei den anderen Arten, etwas zu betonen. Wenn man z. B. eine Geschichte erzählt, Fakten wiedergibt oder eine Zusammenfassung vorträgt, geschieht das meist in einem flotten Tempo. Möchte man einen wesentlichen Gedanken betonen, verlangsamt man die Sprechgeschwindigkeit, damit die Zuhörer seine Bedeutung erfassen können. Die beste Akzentuierung erreicht man bei sonst normaler Sprechgeschwindigkeit durch Verlangsamen des Tempos. Wer seinen Worten Nachdruck verleihen will, spricht oft unwillkürlich schneller. Aber effektiver wäre es, das Gewicht einer Aussage durch langsames Sprechen deutlich zu machen.

Manche Prediger, die den Ruf haben, zu schnell zu sprechen, mögen eher mit dem Problem kämpfen, dass sie undeutlich reden oder ihr Tempo nie variieren.

Pausen

»Durch Pausen redet man«, sagte Rudyard Kipling. Ein guter Prediger weiß, dass Pausen wie Beistriche, Doppelpunkte oder Rufzeichen wirken. Pausen sind die Satzzeichen einer Rede. Sie halten den Vortrag an und geben dadurch den Zuhörern die Möglichkeit, nachzudenken, sich einzufühlen oder zu antworten. Der erste Satz nach einer Pause wird gegenüber dem letzten vor der Pause besonders hervorgehoben sein. Man kann aber nicht nur vor, sondern auch nach einem wichtigen Satz eine Pause machen. Eine Pause vor dem Höhepunkt einer Geschichte verstärkt die Spannung, und eine dramatische Pause, die anzeigt, wie tief der Redner selbst emotional beteiligt ist, sagt mehr als Worte. Pausen, die nicht durch Gedanken oder Gefühle motiviert sind, verwirren jedoch die Zuhörer.

Viele Redner haben Angst vor Pausen. Sie haben oft nicht die Selbstdisziplin, solche Pausen auszuhalten. Viele von ihnen glauben, sie müssten immer weiterreden, damit die Zuhörer nicht auf die Idee kommen, sie hätten den Faden verloren. So rattern sie ihre Rede unaufhaltsam herunter oder sie füllen die Predigt an mit Wörtern wie »hm, äh, und«. In einigen Kreisen werden Wörter wie »Amen« und »Preist den Herrn« völlig wahllos eingestreut und dienen nur als Füllwörter. Diese bedeutungslosen Geräusche und Wörter sagen nichts aus und sollten aus einer Rede verschwinden.

Eine Pause ist für die Zuhörer meistens nicht so lang wie für den Redner. Wenn man sich intensiv auf die Gedanken, die man mitteilen will, konzentriert und die Gefühle dabei wahrnimmt, wird eine Pause das Gesagte wirkungsvoll unterstreichen. Während dieser Pause sollte man die Zuhörer weiterhin anschauen. Manche Redner missbrauchen diese Technik und pausieren zu lange. Das wirkt dann eher melodramatisch. Eine Pause sollte so lang sein, dass die Aufmerksamkeit auf den Gedanken gerichtet wird; aber sie sollte nicht so lang sein, dass die Stille die Aufmerksamkeit auf die Pause lenkt.

Ein Prediger sollte seine Predigt vor dem Vortrag proben. Eine Probe testet die Struktur der Botschaft. Die Gedankenfolge, die auf dem Papier klar und logisch erscheint, kann linkisch und unbeholfen wirken, wenn die Predigt vorgetragen wird. Wenn der Prediger seine Predigt laut aufsagt, merkt er am besten, wie die Gedanken zusammengestellt werden müssen, damit das Ganze flüssiger klingt.

Proben verbessert auch den Stil. Manchmal fallen dem Prediger dabei bessere Illustrationen oder Beispiele ein, als er sich vorher überlegt hat. Das Proben sollte aber nicht dazu dienen, die Predigt auswendig zu lernen. Stattdessen sollte er daran arbeiten, dass er eine klare Aneinanderreihung der Gedanken hat und diese in einer Sprache vermitteln kann, die auch das ausdrückt, was er sagen möchte.

Zudem verbessert Proben den Vortrag. Ein professioneller Schauspieler würde nie auf die Idee kommen, vor sein Publikum zu treten, ohne seine Rolle vorher ausführlich geprobt zu haben. Er überlegt sich vorher, wann er die Stimme heben oder senken soll, lauter oder leiser, schneller oder langsamer spricht oder Pausen einlegt. Weil ein Prediger mehr als ein Schauspieler ist, sollte er sich nicht weniger vorbereiten. Wirkungsvolles Predigen muss geübt sein, weil der Prediger während seines Vortrags nicht auch noch darüber nachdenken kann. Die guten Angewohnheiten, die er sich während der Vorbereitung erarbeitet hat, werden sich dann beim Predigen mit natürlicher Leichtigkeit einstellen. Anfängern nützt es viel, wenn sie ihre Predigten laut vor einem Spiegel proben und dabei einen Kassettenrecorder benutzen. Geübteren Rednern reicht es meistens, sich ihre Predigten halblaut oder lautlos durchzulesen. Einige wenige kommen damit aus, ihre Predigt zu durchdenken und sich dabei vorzustellen, wie sie vor den Zuhörern stehen. Wie auch immer: Für uns alle ist es wohl leichter, einen Weg nochmals zu gehen, den wir schon einmal abgeschritten haben und deshalb kennen.

Worum ging es im vergangenen Kapitel?

Nonverbale Sprache

Definitionen

Nonverbale Sprache
ist das, was wir nicht mit Worten, sondern durch Gestik, Mimik, Blickkontakt und durch die Art der Stimme ausdrücken.

Anhang 1

Antworten

Übungen zu Kapitel 2

1. *Gegenstand:* Der Test für eine gute Predigt
   Aussage: Sie zeigt, wie du bist.

2. *Gegenstand:* Warum moderne Predigten so schwach sind
   Aussage: Sie ignorieren die Bibel.

3. *Gegenstand:* Konsequenzen des Unglaubens gegenüber Gott
   Aussage: Wir werden alles glauben.

4. *Gegenstand:* Der Wert des guten Rufes
   Aussage: Er ist größer als materielle Güter.

5. *Gegenstand:* Warum jedermann Gott preisen soll
   Aussage: (Wir sollen ihn preisen) für seine ewige Gnade und Wahrheit (Treue).

6. *Gegenstand:* Der Vorteil, Erinnerungen zu haben
   Aussage: Sie bewahren uns vor Bedeutungslosigkeit.

7. *Gegenstand:* Wie wir mit anderen Menschen umgehen sollen
   Aussage: Wir sollten sie mit derselben Achtung behandeln, die wir vor der eigenen Familie haben.

8. *Gegenstand:* Vorteile des Spazierengehens
   Aussage: Es nützt uns körperlich und seelisch.

9. *Gegenstand:* Der gegenwärtige Einfluss der Astrologie
   Aussage: Sie gewinnt mehr Anhänger und breitet sich auch da aus, wo sie bisher abgelehnt wurde.

10. *Gegenstand:* Der schlechte Ruf der Küche des Weißen Hauses
Aussage: Der schlechte Ruf der Küche des Weißen Hauses ist unverdient.

Übungen zu Kapitel 4

1. *Gegenstand:* Warum alte Menschen nicht mehr lernfähig sind
Aussage: Sie glauben, dass sie schon alles wissen, und sind zu beschäftigt mit anderen Dingen.
Frage: Stimmt das? (Gültigkeit)

2. *Gegenstand:* Wie man auf Gottes Wort hören soll
Aussage: Sorgfältig und mit der Bereitschaft zum Gehorsam.
Frage: Wie kann ich das in meinem persönlichen Leben umsetzen? (Anwendung)

3. *Gegenstand:* Wie Sie Ihr Golfspiel im Winter verbessern können
Aussage: Durch Übungen vor einem großen Spiegel.
Frage: Stimmt das? (Gültigkeit)

4. *Gegenstand:* Die Popularität des CB-Funks in den USA
Aussage: Er beeinflusst alle Bereiche des amerikanischen Lebens.
Frage: Stimmt das? (Gültigkeit)

5. *Gegenstand:* Wie wir lernen
Aussage: Wir lernen durch wiederholte, unbewusste Erfahrungen.
Frage: Was bedeutet das? (Erklärung)

6. *Gegenstand:* Die Bedeutung des Gedächtnisses in der Musik
   Aussage: Ohne Gedächtnis könnten wir keine Melodien hören.
   Frage: Was bedeutet das? (Erklärung)

7. *Gegenstand:* Die positive Auswirkung des Watergate-Skandals
   Aussage: Die schnelle Entwicklung einer zentralisierten, alles beherrschenden Regierung wurde verzögert.
   Frage: Was soll's? Was hat das mit mir zu tun? (Anwendung)

8. *Gegenstand:* Die Umkehrung der traditionellen Ziele von Arbeit und Spiel
   Aussage: Spiel hat sich in Arbeit verwandelt und was einmal Arbeit war, ist heute Erholung.
   Frage: Was bedeutet das? (Erklärung)

Anhang 2

Grafische Anordnung von Epheser 4,11-16

Vers

11 Und er hat eingesetzt
einige als Apostel,
einige als Propheten,
einige als Evangelisten,
einige als Hirten und Lehrer,
12 damit die Heiligen zugerüstet werden
zum Werk des Dienstes.
Dadurch soll der Leib Christi erbaut werden,
13 bis wir alle hingelangen
zur Einheit
des Glaubens
und der Erkenntnis des Sohnes Gottes,
zum vollendeten Mann,
zum vollen Maß der Fülle Christi.
14 Damit wir nicht mehr unmündig seien
und uns von jedem Wind einer Lehre
bewegen und umhertreiben lassen
durch trügerisches Spiel der Menschen,
mit dem sie uns arglistig verführen.
15 Lasst uns aber wahrhaftig sein in der Liebe
und wachsen in allen Stücken
zu dem hin,
der das Haupt ist, Christus.
16 Aus ihm wird der ganze Leib zusammengefügt
und ein Glied hängt am anderen durch alle Gelenke,
wodurch jedes Glied das andere unterstützt
nach dem Maß seiner Kraft und Macht,
dass der Leib wächst
und sich selbst aufbaut in der Liebe.

Anhang 3

Beurteilung einer Predigt

A. Zur Organisation

1. *Einleitung*

- Erzeugt sie Aufmerksamkeit?
- Berührt sie direkt oder indirekt Probleme der Zuhörer?
- Leitet sie zum Thema hin?
- Hat sie die richtige Länge?
- Verfolgt sie eine bestimmte Absicht?

2. *Struktur*

- Ist die Reihenfolge der Gedanken logisch?
- Gibt es eine Hauptaussage (Predigtthema)?
- Welche?
- Sind die Überleitungen gut?
- Gibt es logische Zusammenhänge zwischen den einzelnen Punkten?
- Haben die Unterpunkte deutlichen Bezug zu den Hauptpunkten?
- Haben die Hauptpunkte etwas mit dem Predigtthema zu tun?

3. *Schluss*

- Hat die Predigt einen Höhepunkt?
- Gibt es eine Zusammenfassung?
- Werden abschließend ein Aufruf oder konkrete Vorschläge gemacht?

B. Zum Inhalt

- Ist der Gegenstand bedeutsam? Ist er angemessen?
- Liegt der Predigt eine solide Auslegung zugrunde?
- Zeigt der Prediger, wo im Text er sich gerade befindet?
- Ist die Analyse des Themas durchdacht? Logisch?
- Überzeugt der Prediger Sie von seiner Meinung?
- Zeigt der Inhalt Originalität?
- Ist das Material in Bezug auf den Hauptpunkt logisch?
- Interessant? Variationsreich? Genau? Ausreichend?
-

C. Zum Stil

- Drückt der Redner sich grammatikalisch richtig aus?
- Ist sein Vokabular konkret, lebendig? Abwechslungsreich?
- Passt die Wortwahl zum Inhalt?

D. Zum Vortrag

1. *Direktheit*

- Will der Redner gehört werden? Ist er geistig anwesend?
- Haben Sie das Gefühl, dass er mit Ihnen redet?
- Ist er freundlich?
- Hört sich der Vortrag wie ein lebendiges Gespräch an?
- Werden die Worte korrekt ausgesprochen?

2. *Mündlicher Vortrag*

- Ist die Stimme gut zu verstehen?
- Wird sie deutlich artikuliert?
- Gibt es stimmliche Variationen?
- Ändert sich die Tonhöhe?
- Variiert er die Tonstärke?
- Ändert sich das Tempo?
- Gebraucht der Redner wirkungsvolle Pausen?

3. *Physischer Vortrag*

- Ist der ganze Körper an der Predigt beteiligt?
- Benutzt der Redner Gesten?
- Sind die Gesten spontan? Umfangreich? Deutlich?
- Ist der Redner lebhaft? Hat er eine ansprechende Mimik?

E. Zur allgemeinen Wirkung

- Berührt die Predigt Ihre Interessen?
- Knüpft sie an Ihr Vorwissen an?
- Trifft sie den Kern Ihrer Probleme?
- Schaut der Prediger Ihnen in die Augen?
- Haben Sie den Eindruck, dass er die Reaktionen des Publikums mitbekommt?

Allgemeines Literaturverzeichnis

Aland, K., Aland, B.: *Der Text des Neuen Testamentes,* Stuttgart: Deutsche Bibelgesellschaft, 1982

Aland K. (Hrsg.): *Synopsis Quattuor Evangeliorum,* 9. Aufl., Stuttgart: Deutsche Bibelgesellschaft, 1976

Archer, G. L.: *Einleitung in das Alte Testament*, Bd. 1, Bad Liebenzell: Verlag der Liebenzeller Mission, 1986

Bauer, W.: *Griechisch-deutsches Wörterbuch zu den Schriften des Neuen Testaments und der übrigen urchristlichen Literatur,* 5. Aufl., Berlin/New York: de Gruyter, 1971

Blass, F., Debrunner, A., Rehkopf, F.: *Grammatik des neutestamentlichen Griechisch,* 16. Aufl., Göttingen: Vandenhoeck & Ruprecht, 1984

Bruce, F. F.: *Zeitgeschichte des Neuen Testaments* (2 Bde). Wuppertal: R. Brockhaus, 1975

Coenen, L., Beyreuther, E., Bietenhard, H.: *Theologisches Begriffslexikon zum Neuen Testament* (2 Bde), 4. Aufl., Wuppertal: R. Brockhaus, 1986

Dietzfelbinger, E.: *Das Neue Testament, Interlinearübersetzung Griechisch-Deutsch,* Stuttgart-Neuhausen: Hänssler, 1986

Elliger, K., Rudolph, W. (Hrsg.): *Biblia Hebraica Stuttgartensia,* Stuttgart: Deutsche Bibelgesellschaft, 1978

Fohler, G.: *Hebräisches und aramäisches Wörterbuch über das Alte Testament,* Berlin/New York: de Gruyter, 1971.

Gesenius, W.: *Hebräisches und aramäisches Wörterbuch über das Alte Testament,* Berlin, (Göttingen), Heidelberg: Springer, 1962.

Große Konkordanz zur Lutherbibel. Stuttgart: Calwer Verlag/ Christliches Verlagshaus, 1979.

Grünzweig, F., Blunck, J., Holland, M., Laepple, U., Scheffbuch, R.: *Brockhaus Biblisches Wörterbuch,* Wuppertal: R. Brockhaus, 1982

Huck A., Greeven, H.: *Synopse der drei ersten Evangelien* (griechischer Text), 13. Aufl., Tübingen: J. C. B. Mohr, 1981

Kittel, G., Friedrich, G. (Hrsg.): *Theologisches Wörterbuch zum Neuen Testament* (10 Bde.). Stuttgart: W. Kohlhammer, 1933–1979

Luther, R.: *Neutestamentliches Wörterbuch,* 5. Aufl., Gütersloh: Gütersloher Verlagshaus, 1984

Nestle-Aland: *Novum Testamentum Graece,* 26. Aufl., Stuttgart: Deutsche Bibelgesellschaft, 1979

Peisker, C. H.: *Evangelien-Synopse der Einheitsübersetzung,* Wuppertal: Oncken / Stuttgart: Kath. Bibelwerk, 1983

Peisker, C. H.: *Luther Evangelien-Synopse,* 7. Aufl., Wuppertal: Oncken, 1984

Peisker, C. H.: *Neue Luther Evangelien-Synopse,* Wuppertal: Oncken, 1985

Peisker, C. H.: *Zürcher Evangelien-Synopse,* 23. Aufl., Wuppertal: Oncken, 1985

Pesch, R., Wilckens, U., Kratz, R.: *Synoptisches Arbeitsbuch zu den Evangelien* (5 Bde), Gütersloh: Gütersloher Verlagshaus / Köln: Benziger, 1980/81

Praktisches Bibelhandbuch, Wortkonkordanz, 11. Aufl., Stuttgart: Kath. Bibelwerk, 1982

Rahlfs, A. (Hrsg.): *Septuaginta,* 2 Bde, 8. Aufl., Stuttgart: Deutsche Bibelgesellschaft, 1965

Rienecker, F.: *Sprachlicher Schlüssel zum griechischen Neuen Testament nach der Ausgabe von D. Eberhard Nestle,* 16. Aufl., Gießen/Basel: Brunnen, 1980

Rienecker, F.: *Lexikon zur Bibel,* 10. Aufl., Wuppertal: R. Brockhaus, 1985

Rost, L., Lisowsksy, G. (Bearb.): *Konkordanz zum hebräischen Alten Testament,* 2. Aufl., Stuttgart: Deutsche Bibelgesellschaft, 1966

Schierse, F. J.: *Konkordanz zur Einheitsübersetzung der Bibel,* 2. Aufl., Düsseldorf: Patmos / Stuttgart: Kath. Bibelwerk, 1986

Schmoller, O.: *Handkonkordanz zum griechischen Neuen Testament,* 14. Aufl., Stuttgart: Deutsche Bibelgesellschaft, 1968

Stoy, W., Haag, K.: *Bibel-Griechisch leichtgemacht,* Gießen/ Basel: Oncken, 1983

Strack, H. L., Jepsen, A.: *Hebräische Grammatik mit Übungsbuch,* München: C. H. Beck, 1983 (Nachdr. d. 15. Aufl.)

Wonneberger, R.: *Leitfaden zur Biblia Hebraica Stuttgartensia,* 2. Aufl., Göttingen: Vandenhoeck & Ruprecht, 1986

Würthwein, E.: *Der Text des Alten Testaments,* 4. Aufl., Stuttgart: Deutsche Bibelgesellschaft, 1973

Quellennachweis

1 Kyle Haselden, »The Urgency of Preaching«, Harper & Row, New York 1963, S. 88-89

2 William Barclay, »A Spiritual Autobiography«, Eerdmans, Grand Rapids 1975

3 Reuel L. Howe, »Partners in Preaching: Clergy and Laity in Dialogue«, Seabury, New York 1967, S. 26

4 L. Thonssen und A. C. Baird, »Speech Criticism: The Development of Standards for Rhetorical Appraisal«, Ronald, New York 1948, S.393

5 Donald G. Miller, »The Way to Biblical Preaching«, Abingdon, New York 1957, S. 53 und 55

6 H. G. Davis, »Design for Preaching«, Muhlenberg, Philadelphia 1958, S. 20

7 J.H.Jowett, »The Preacher: His Life and Work«, Baker, Grand Rapids 1968, S.133

8 D. R. Sunukjian, »Patterns for Preaching: A Rhetorical Analysis of the Sermons of Paul in Acts 13,17 and 20« (Dissertation), Dallas Theological Seminary 1972, S.176

9 H. G. Davis, »Design for Preaching«, a. a. O.

10 J. M. Reu, »Homiletics: A Manual of the Theory and Practice of Preaching«, Baker, Grand Rapids 1967, S. 129

11 »Let me illustrate: Stories, Anecdotes, Illustrations«, Revell, Old Tappan 1967, S. 358-359

12 C. S. Lewis, »Mere Christianity«, Macmillan, New York 1952, S. 50

13 »Who Goes There? What and Where is God?«, Revell, Westwood 1958, S. 52

14 J. Bright, »The Authority of the Old Testament«, Baker, Grand Rapids 1975, S. 171–172

15 »The Renewal of Man: A Twentieth-Century Essay on Justification by Faith«, Doubleday, Garden City 1955, S. 94

16 A.W. Tozer, »Of God and Men«, Christian, Harrisburg 1960, S. 26–27

17 »Love Has its Reasons: An Inquiry into New Testament Love«, Word, Waco 1977, S. 38–39